팔까
줄까
버틸까

팔까 줄까 버틸까

초판 1쇄 발행 2021년 2월 26일

지은이 최용규
펴낸이 변선욱
펴낸곳 왕의서재
마케팅 변창욱
디자인 꼼지락

출판등록 2008년 7월 25일 제313-2008-120호
주소 경기도 고양시 일산서구 일현로 97-11 두산위브더제니스 107-3803
전화 070-7817-8004
팩스 0303-3130-3011
이메일 latentman75@gmail.com
블로그 blog.naver.com/kinglib

ISBN 979-11-86615-52-2 13320

책값은 표지 뒤쪽에 있습니다.
파본은 구입하신 서점에서 교환해드립니다.

징벌적 부동산 세금에서
구출해주는 세무 컨설팅

팔까 줄까 버틸까

최용규 지음

헤리티지
HERITAGE

세테크가 되어버린 부동산

세금을 내는 개인은 세법에 정해진 금액만큼의 납세 의무를 이행하면 됩니다. 법이 정한 세금을 적게 낸다면 처벌받고, 더 많이 낸다고 바람직한 처사는 아닐 겁니다.

'절세'란 법이 정한 범위 내에서 세금을 적게 내는 것입니다. 절세를 위해서는 우선 세법을 잘 이해하고 이를 바탕으로 사전에 준비해야 합니다.

저는 세무사가 아니고 택스코디네이터입니다. 줄여서 '택스코디'라고 부릅니다. 《2시간에 끝나는 부가가치세 셀프 신고》《사장님 노무? 어렵지 않아요》《사업을 지탱하는 현실 세무 지식》 등을 썼고, 세금 강의를 합니다.

캐치프레이즈는 '세금은 아는 만큼 줄어든다'입니다. 다른 세금과 마찬가지로 부동산 세금도 알면 줍니다. 특히 부동산 세금은 거미줄처럼 얽혀있어서 첫 실마리를 잘 풀면 소중한 재산을 지킬 수 있습니다.

세금에 무지한 나머지 무방비 상태로 살다가 그동안 공들여 쌓아 놓은 재산이 어느 순간 세금으로 뒤바뀌어 분노와 허탈함을 겪는 많은 사례를 봐왔습니다. 세금 문제를 맞닥뜨리면 운신의 폭이 좁아지므로 사태가 되어 버리기 전에 알고 대비하는 게 상책입니다.

세알못 씨는 경기도 조정지역 내 아파트 두 채를 가진 2주택자입니다. 그는 2021년 12월에 준공하는 경기도 아파트에 입주하고 싶어 2020년 9월 중 분양권을 취득했습니다. 대신 입주 전에 기존 집은 모두 처분할 계획입니다. 입주 시점에는 보유하는 다른 아파트 없이 분양권으로 들어가게 되는 집만 새로 취득하게 되는 셈입니다.

이때 세알못 씨가 내야 하는 취득세는 얼마일까요? 정답은 12%입니다. 1주택자로 보이지만 최근 개정된 지방세법에 따라 3주택자가 되기 때문입니다.

1주택을 소유한 사람도 2019년부터는 매년 내야 할 보유세와 주택을 팔 때 내는 양도소득세(지방소득세 포함)를 미리 계산해보고 절세 전략을 세워야 합니다. 1주택자의 보유세(특히 종합부동산세)와 양도소득세가 크게 변경돼 종전과 같은 방식으로 접근하면 고스란히 세금이라는 부메랑이 돌아옵니다.

　최근 정부가 다양한 부동산 대책을 쏟아내는 상황입니다. 이럴 때는 납세자들이 오히려 더 적극적으로 세금을 알아야 합니다. 시세가 비슷한 부동산을 소유하고 있으면서도 세금을 수천만 원 더 낸 사람도 있습니다. 왜 이런 차이가 생길까요? 이와 관련한 문제의 해법을 제시했습니다.

　본 책은 세알못('세금을 알지 못하는 사람'의 준말) 씨의 부동산 세금 궁금증을 택스코디가 쉽게 설명해주는 방식입니다.

　세알못 씨처럼 세금에 문외한이라도 한 번만 읽으면 이해되도록 썼습니다. 간혹 용어가 낯설어서 어렵다고 느낄 수도 있으나 내용이 어려운 것은 아니니, 해당 부분을 한 번만 더 읽어보면 충분히 마스터할 겁니다.

본 책은 부동산 세금 공부에 필요한 용어, 기본 세무 지식부터, 부동산 세금에는 무엇이 있는지, 계산은 어떻게 할지까지를 다룹니다. 그리고 최근 개정된 세법에 따른 부동산의 양도에 관해서 꼭 알아야 할 개정 내용과 종합부동산세, 부동산 상속과 증여를 포함한 미리 알아두어야 할 절세법을 알기 쉽게 적었습니다.

국토교통부는 2020년 1월 1일을 기준으로, 공동주택 공시가격에 대해 소유자들의 열람 및 의견 청취 절차를 3월 19일부터 4월 8일까지 시행했는데, 이번 공동주택 공시가격 산정 방식은 2019년 말 시세를 기본으로 현실화율 수준을 고려해 산정했습니다(9억 원 미만 주택은 현실화율을 68% 수준으로 동결).

2020년 전국 공동주택 공시가격은 전년 대비 5.99% 증가했습니다. 지역적으로 서울이 14.75%로 가장 높은데, 그중에서도 강남구, 서초구 22.57%, 송파구 18.45%, 영등포구 16.81%, 성동구 16.25%, 용산구 14.51% 순으로 높은 변동률을 기록했습니다.

　　국토교통부에서 발표한 2020년 전국 공동주택 공시가격을 9~12억 원의 수도권 아파트를 보유한 1주택자에 적용해보면, 대략 보유세는 30만 원, 건강보험료는 1만 원 정도 인상됩니다.

　　문제는 다주택자들입니다. 다주택자들은 공시가격이 인상되면서 보유세 부담이 많이 늘어나게 됩니다.

　　서울에 아파트를 소유한 사람들이 모두 여유가 있는 사람들은 아닐 것입니다. 평생, 직장에서 열심히 일해 차곡차곡 모은 돈과 대출 등으로 힘들게 아파트를 장만한 경우가 많을 겁니다.

　　현재 부동산 정책은 전체 부동산시장을 보는 것이 아닌 서울과 일부 지역을 타깃으로 높은 세금을 부과하고 있습니다. 그러므로 서울을 비롯한 조정대상지역에 아파트를 살 생각이거나 현재 보유하고 있다면 부동산 세금에 관해 철저히 알아봐야 합니다.

부동산은 단위 자체가 고가이므로 세금에 관해 많이 알면 알수록 큰돈을 버는 것과 똑같습니다.

|1장| 부동산 세금, 더는 묻지 마세요

|2장| 쓰나미급 세금

|3장| 이것 모르면 세금 폭탄

|4장| 부동산 세금 절세 원칙

|5장| 비과세, 감세 솔루션

| 6장 | **2021년 세법개정에 따른 절세 전략**

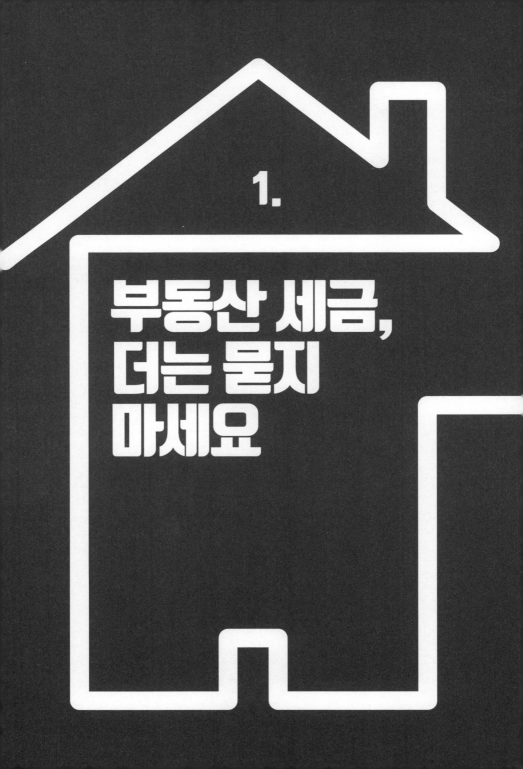

1.

부동산 세금, 더는 묻지 마세요

1분에 끝내는 부동산 세금 공식

부동산은 세금만 잘 관리해도 저절로 재테크가 됩니다. '세테크'라는 말이 제일 잘 통하는 분야라고 할 수 있습니다. 일단 세금이 어떻게 계산되는지 아는 게 절세의 첫 단추가 되겠죠. 택스코디가 부동산 세금을 구하는 공식을 아주 쉽게 알려드리겠습니다.

부동산 세금 = 과세표준 × 세율

부동산 세금은 과세표준에 세율을 곱하면 끝납니다. 과세표준이 무엇인지, 세율은 얼마인지만 알면 됩니다. 전혀 어렵지 않죠?

세율은 세법에 따라 결정되므로 대부분 고정돼 있습니다. 과세표준이란 줄여서 '과표'라고 많이 하죠. 세금 산출의 기초가 되는 금액을 말합니다.

실무적으로 세율은 이미 결정됐는데, 과세표준은 그렇지 않습니다. 양도소득세의 경우, 기준시가로 신고할 것인가 실거래가로 신고할 것인가 등이 대표적인 예입니다. 어떤 방법으로 과세표준이 형성되느냐에 따라 세금이 결정됩니다. 절세는 과세표준을 정확히 이해하는 게 먼저입니다.

그렇다면 과세표준은 어떻게 구하는지 부동산 세금 종류별로 한번 살펴볼까요.

취득세의 과세표준은 취득할 때 결정된 실지 금액입니다. 예를 들어 3억 원짜리 부동산을 취득했다면 이 금액에 해당 세율을 곱해 취득세를 계산합니다.

그런데 보유 시 내는 재산세와 종합부동산세의 과세표준은 아래와 같이 공시가격과 공정시장가액비율 개념을 사용합니다.

- **재산세의 과세표준** = 공시가격 × 공정시장가액비율

- **종합부동산세의 과세표준** = (공시가격 − 과세 기준금액) × 공정시장가액비율

공시가격은 기준시가를 뜻하며, 공정시장가액비율은 일종의 세 부담 완충 장치로 재산세는 60%, 종합부동산세는 90%(2021년부터 95%) 내외에서 결정됩니다.

세알못 종합부동산세에서 과세 기준금액은 무엇인가요?

택스코디 과세 기준금액이란 종합부동산세가 면제되는 금액으로 주택은 공시가격 6억 원(1세대 1주택 단독명의로 보유한 경우는 9억 원), 나대지는 5억 원, 영업용 토지는 80억 원으로 규정하고 있습니다.

예를 들어 1세대 1주택 공시가격이 10억 원이면 9억 원을 제외한 1억 원이 종합부동산세 계산의 출발점이 됩니다. 하지만 다주택자라면 보유 주택 공시가격의 합계가 10억 원일 때 6억 원을 초과하는 4억 원으로 계산합니다.

양도소득세는 양도금액에서 취득금액 등을 차감해 과세표준을 구합니다.

- **양도소득세의 과세표준** = 양도차익 – 장기보유특별공제 – 기본공제
  (양도차익 = 양도금액 – 취득금액 – 필요경비)

여기서 양도금액과 취득금액은 원칙적으로 실제 거래된 금액을 기준으로 합니다.

장기보유특별공제는 집을 오래 가지고 있다가 팔 때 세금을 깎아주는 제도입니다. 부동산의 특성상 오랫동안 보유해서 시세가

올라 차익이 누적되는데, 이를 양도할 때 누진세율로 한꺼번에 과세하면 자칫 세 부담이 급증할 수 있어 이를 방지하려는 취지입니다.

또 장기간 보유할수록 주택 보유자의 세 부담을 덜어 주면서 단기성 투기를 억제하고, 부동산시장을 안정화하려는 의미도 담고 있습니다

기본공제는 양도소득세 계산 시 일괄적으로 250만 원을 공제해 주는 것을 말합니다.

필요경비는 주택을 매입하고 보유하고 팔기까지 집주인이 지출한 각종 비용 중 꼭 필요한 경비, 즉 필요경비를 공제하는 겁니다.

구입과정에서 발생하는 취득세, 법무사 수수료, 중개수수료, 인지대 등이 필요경비로 인정됩니다. 잔금까지 치르고 내 집이 되고 나서 인테리어나 보수를 할 수도 있죠. 인테리어, 수리·보수비용도 필요경비로 인정됩니다. 수리와 보수의 경계가 무엇인지는 뒤에 자세히 설명하겠습니다.

상속세와 증여세는 아래와 같은 구조로 과세표준을 구합니다.

- **상속세의 과세표준** = 상속재산 금액 – 기초공제(상속이 발생하면 2억 원 공제) – 상속공제(배우자상속공제, 일괄공제 등)

▪ **증여세의 과세표준** = 증여재산 금액 – 비과세 – 증여공제(증여재산공제 등)

상속세와 증여세에서 상속재산 금액은 원칙적으로 시가(매매 사례 금액이나 감정액 등 포함)로 과세하나, 시가가 확인되지 않는 경우는 기준시가로 과세합니다. 현실적으로 기준시가가 시가의 50~70%인 수준이므로 어떤 기준으로 삼느냐에 따라 세금이 크게 왔다 갔다 할 수 있습니다.

위 내용을 간단하게 표로 정리해봤습니다.

구분	과세표준
취득세	실지 취득금액
재산세	공시가격 × 공정시장가액비율
종합부동산세	(공시가격 – 과세 기준금액) × 공정시장가액비율
양도소득세	실지 양도금액 – 실지 취득금액 – 필요경비 – 각종 공제액
상속세, 증여세	상속, 증여재산 금액(시가 → 기준시가) - 각종 공제액

이제 세금을 하나하나 파 보도록 하겠습니다.

취득세,
집을 사면 반드시
내야 하는 세금

집을 사면 반드시 내야 하는 세금이 바로 취득세입니다. 주택의 취득이란 매매, 교환, 상속, 증여, 건축 등의 방법으로 유·무상으로 취득하는 것을 말합니다.

부동산을 취득하면 아래와 같은 세금이 과세됩니다.

구분	국세	지방세제	
		지방세	관련 부가세
취득 시	인지세(계약서 작성 시) 상속세(상속받은 경우) 증여세(증여받은 경우)	취득세	농어촌특별세(국세) 지방교육세
보유 시	종합부동산세(일정 금액 초과 시) 농어촌특별세(종합부동산세 관련 부가세)	재산세	지방교육세 지역자원시설세

집주인을 자기 이름으로 바꾸려면 인지세를 내야 합니다. 부동산 취득과 관련해 매매계약서(분양권 매매계약서 포함) 등 증서를 작성할 때, 정부 수입인지를 첨부하고, 증서의 지면과 인지에 걸쳐 작성자의 인감 또는 서명으로 소인해야 합니다. 다만, 주택은 매매계약서상 기재금액이 1억 원 이하일 때 인지세가 비과세됩니다.

인터넷상 전자수입인지 납부 서비스에 접속해 종이 문서용과 전자문서용을 선택해 전자수입인지를 구매, 소인할 수 있습니다(우표 형태의 종이 수입인지를 첨부, 소인하는 방식은 폐지).

상속세와 증여세는 부동산을 상속받거나 증여받은 때 별도로 냅니다. 취득세는 새로운 집을 취득한 날로부터 60일(상속 6개월) 이내에 해당 시, 군, 구에 신고·납부해야 합니다. 기한을 넘기면 신고(20%) 및 납부(1일 경과 시 25/100,000) 불성실 가산세가 부과됩니다. 지방교육세, 농어촌특별세는 취득세를 납부할 때 같이 냅니다.

취득세율은 주택 매매가격이 6억 원 이하일 때는 1%, 6~9억 원 이하일 때는 2%, 9억 원을 초과할 때는 3%가 적용됩니다.

구분		취득세	농어촌 특별세	지방 교육세	합계 세율
6억 이하 주택	85㎡ 이하	1%	비과세	0.1%	1.1%
	85㎡ 초과	1%	0.2%	0.1%	1.3%
6억 초과 9억 이하 주택	85㎡ 이하	2%	비과세	0.2%	2.2%
	85㎡ 초과	2%	0.2%	0.2%	2.4%
9억 초과 주택	85㎡ 이하	3%	비과세	0.3%	3.3%
	85㎡ 초과	3%	0.2%	0.3%	3.5%
주택 외 매매(토지, 건물 등)		4%	0.2%	0.4%	4.6%
원시 취득, 상속(농지 외)		2.8%	0.2%	0.16%	3.16%
무상 취득(증여)		3.5%	0.2%	0.3%	4%
농지	매매 신규	3%	0.2%	0.2%	3.4%
	매매 2년이상 자경	1.5%	비과세	0.1%	1.6%
	상속	2.3%	0.2%	0.06%	2.56%

※ 2013. 8. 28 이후 최초로 취득하는 분부터 적용
농어촌특별세 및 지방교육세는 요건에 따라 적용세율이 달라짐

2020년 12월 31일까지 생애 최초로 $60m^2$ 이하, 3억 원 이하(수도권은 4억 원 이하)의 주택을 구입하는 신혼부부는 취득세를 50% 감면받을 수 있습니다.

신혼부부의 기준이 정해져 있나요?

세알못

택스코디

신혼의 기준은 만 20세 이상으로 혼인신고 후 5년 이내를 말하며 소득이 맞벌이는 연 7천만 원, 홑벌이는 연 5천만 원 이내여야 합니다.

2020년 8월 개정된 세법에 따라 다주택자·법인 주택 취득세가 강화됐습니다.

조정대상지역 내 2주택, 조정대상지역 외 3주택 취득 시 8%, 조정대상지역 내 3주택, 조정대상지역 외 4주택 이상 취득 시 12%로 인상됐습니다. 다만, 조정대상지역 내 2주택의 경우 이사 등의 사유로 일시적 2주택이 될 때는 1주택으로 과세됩니다. 만약 3년 이내 종전 주택을 처분하지 않으면 차액이 추징됩니다. 신규 주택과 종전 주택이 모두 조정대상지역에 있으면 1년 이내에 처분해야 합니다.

개인을 제외한 단체는 법인(1인 법인 포함)으로 보아 중과세율이 적용됩니다. 아래 표를 참고하세요.

구분	1주택	2주택	3주택	법인 주택~
조정대상지역	1~3%	8% 일시적 2주택 제외	12%	12%
비(非)조정대상지역	1~3%	1~3%	8%	12%

납세의무자와 과세물건,
시가와 기준시가

　세금을 이해할 때 세금을 부과하는 요건 중 납세의무자와 과세물건이라는 말이 있습니다. 납세의무자는 세금을 내야 할 의무가 있는 사람을 말합니다.

　과세물건이란 세법에 따라 과세 대상으로 정해진 물건, 행위 또는 사실을 말합니다. 가령 양도소득세라면 소득, 보유세라면 재산을 보유한 사실에 과세하는 것입니다.

　세금을 부과할 때 기준이 되는 금액은 2가지로 구분됩니다. 시세를 반영하는 시가, 중앙정부나 지방자치단체가 시가 대용으로 사용하기 위해 마련한 기준시가가 그것입니다.

　먼저 시가란 불특정 다수인 사이에 거래되는 가격을 말합니다. 이 금액은 시장의 수요, 공급 법칙에 따라 결정됩니다. 현재 시가를 기준으로 과세하는 세목에는 취득세(단, 시가가 기준시가에 미달할 때는 기준시가), 양도소득세, 상속세·증여세(단, 시가가 확인이 안 되면 기준시가)가 있습니다.

　기준시가란 정부가 일정 시점을 기준으로 고시하는 가격입니다. 통상 시가의 50~70%를 반영하고 있습니다. 토지는 개별공시지가를 의미합니다. 아파트 등 공동주택이나 주상복합건물은 토지와 건물을 한꺼번에 평가해 고시합니다. 최근에는 단독주택도 고시됩니다.

기준시가를 사용하는 세금 항목은 취득세(실제 취득금액이 기준시가보다 낮을 때와 상속·증여의 경우), 재산세, 종합부동산세, 시가가 확인되지 않은 경우의 상속·증여세가 있습니다.

지방세법에서 취득세나 재산세 과세에 사용되는 시가 표준액은 공시가격(기준시가)을 의미합니다. 아래 표를 참고하세요.

주택, 토지 공시가격의 공시

구분	단독주택	공동주택	토지
		아파트, 연립주택, 다세대	
공시 일자	4월 30일	4월 30일	5월 31일
공시 기간	시청, 군청, 구청	국토교통부	시청, 군청, 구청
가격 열람		시청, 군청, 구청 종합민원실	

공시가격은 국토교통부 부동산공시가격 알리미(www.realtyprice.kr) 누리집에서 편리하게 확인할 수 있습니다.

재산세,
집을 보유하면 반드시
내야 하는 세금

현재 주택을 보유하고 있다면 어떤 세금을 내야 할까요?

부동산을 보유할 때 내야 하는 세금을 보유세라고 하고 재산세, 종합부동산세가 이에 해당합니다. 이 정도는 많이들 아는데, 이 세금이 어떻게 계산되는지 아는 사람들은 거의 없습니다. 그 이유는 지방자치단체 또는 중앙정부에서 알아서 세금을 계산한 뒤 고지서를 보내주기 때문입니다. 납세자는 그저 고지서 앞면에 기재된 금액만 납부하고 맙니다.

이 무조건적 반응으로 세금에 불이익을 당하는 경우도 종종 발생합니다. 고지 납부가 세금에 무관심하게 만드는 주범인 셈이죠. 뒤에서 살펴볼 것입니다. 한 번 더 짚고 넘어갈게요. 세금은 아는 만큼 줄어듭니다.

보유세 계산은 아래와 같습니다.

- **재산세** - 매년 6월 1일 현재 주택(부속 토지 포함)을 소유한 자에 대해 매년 7월과 9월에 재산세가 1/2씩 나뉘어 과세됩니다.

- **종합부동산세** - 매년 6월 1일 현재 주택(부속 토지 포함) 공시가격을 기준으로 6억 원(1세대 1주택자는 9억 원)을 초과해 소유한 자에 대해 매년 12월에 종합부동산세가 과세됩니다.

- **관련 부가세** - 재산세에는 지방교육세, 지역자원시설세, 종합부동산세에는 농어촌특별세가 함께 과세됩니다.

집을 소유한 사람이 집을 가지고 있는 동안 매년 내야 하는 세금이 바로 재산세입니다. 토지, 건축물, 주택, 선박, 항공기 소유자에게 매년 부과됩니다. 재산세를 걷는 주체는 행정상 기초자치단체입니다. 즉, 집이 있는 지역을 관리하는 시청, 구청, 군청입니다.

재산세는 고지서를 가지고 직접 은행에 가서 납부해도 되고, 인터넷 위택스를 통해서도 가능합니다. 2019년 7월부터는 네이버페이 또는 카카오페이로도 고지서를 받아 즉시 납부 또는 자동납부가 가능합니다.

세알못 매매계약을 5월에 했고 잔금일은 6월 말인데 재산세를 내야 하나요?

택스코디 재산세는 매년 6월 1일을 기준으로 해당 물건의 주인이 내야 합니다.
잔금일이 6월 1일 이후라면, 6월 1일 당시 집주인은 집을 판 사람이
므로 재산세를 납부하지 않아도 됩니다.
정리하면 집을 파는 사람은 6월 1일 이전에 잔금을 받는 것이 좋고,
집을 사는 사람은 6월 1일 이후에 잔금을 치르는 것이 유리합니다.

재산세는 '과세표준(공시가격 또는 시가표준액 × 공정시장가액
비율) × 세율'로 정해진다고 했습니다. 공시가격은 '시가표준액'과
같은 말입니다. 이는 지방세를 부과할 때 정부에서 적용하는 가격
입니다.

주택에는 국토교통부에서 매년 고시하는 개별주택이나 공동주
택 가격이, 토지에는 개별공시지가가, 건물에는 매년 시에서 고시
하는 건물시가표준액이 적용됩니다.

공정시장가액비율은 해당 부동산 시세와 지방재정 여건, 납세자
의 납세 부담 등 여러 가지를 고려해 결정됩니다. 2019년 1월 1일
을 기준으로 주택은 60%, 토지 및 건물은 70%입니다.

주택의 재산세 세율은 아래 표를 참고하세요. 아시죠? '이하'는
해당 금액이 포함됩니다.

과세 대상	과세표준	세율	누진 공제
주택	6천만 원 이하	0.1%	없음
	1억6천만 원 이하	0.15%	3만 원
	3억 원 이하	0.25%	18만 원
	3억 원 초과	0.4%	63만 원
	별장	4%	없음

※ 별장 - 주거용 건축물로서 늘 주거용으로 사용하지 않고 휴양, 피서, 놀이 등의
용도로 사용하는 건축물과 그 건축물에 포함된 토지를 말합니다.

공동주택 가격(시가표준액 또는 공시가격)이 3억 원인 주택의 재산세를 한번 구해볼까요.

- **과세표준** = 시가표준액 × 공정시장가액비율 = 3억 원 × 60% = 1억8천만 원

- **재산세** = 과세표준 × 세율 - 누진 공제액 = 1억8천만 원 × 0.25% - 18만 원 = 27만 원

실제 재산세를 낼 때는 위 금액보다 조금 더 나옵니다. 재산세를 낼 때 재산세 이외에 지역자원시설세와 지방교육세(재산세의 20%에 해당)가 함께 고지되는 탓입니다.

재산세는 매년 7월 16일~7월 31일, 9월 16일~9월 30일에 1/2씩 나누어 두 번 냅니다. 재산세가 10만 원 이하라면 7월에 한 번만 낼 수도 있습니다.

종합부동산세, 부동산 투자의 복병

　정부는 부동산을 과다하게 보유한 사람에게 세금을 부과해 소득 격차를 줄이고, 부동산 투기를 억제할 목적으로 2005년부터 종합부동산세를 시행하고 있습니다. 재산세와 마찬가지로 종합부동산세의 대상이 되는 주택과 토지를 가지고 있다면 보유하는 동안 매년 내야 합니다.

　종합부동산세란 쉽게 말하면 주택, 나대지, 상가, 건물, 부속 토지를 많이 가지고 있는 사람들이 내는 세금입니다. 과세기준일(매년 6월 1일) 현재 주택 및 토지분 재산세의 납세의무자로서 국내에 소재한 재산세 과세 대상인 주택 및 토지 공시가격을 합산해 그 공시가격의 합계액이 일정 금액을 초과할 때, 그 초과분에 대해 부과되는 세금입니다.

부동산소재지 관할 시, 군, 구에서 과세 유형별로 구분해 재산세를 매기고, 일정 공제금액 초과분에 대해 주소지 관할 세무서에서 종합부동산세를 매깁니다.

복습해보겠습니다. 종합부동산세 구하는 공식은 '(공시가격 - 과세 기준금액) × 공정시장가액비율'인 과표에 세율을 곱하면 됩니다.

과세 대상

- **주택**(부속 토지 포함) - 한 개인이 소유한 모든 주택 공시가격 합이 6억 원을 초과할 때(1세대 1주택자인 경우 9억 원을 초과) 종합부동산세 부과 대상이 됩니다.

- **종합합산토지**(나대지, 잡종지 등) - 합산해서 5억 원을 초과하면 종합부동산세 부과 대상이 됩니다.

- **별도합산토지**(일반 건축물의 부속 토지 등) - 합산해서 80억 원을 초과하면 종합부동산세 부과 대상이 됩니다.

공제금액

과세 대상 부동산을 유형별로 구분해 인별로 전국 합산한 공시 가격이 아래의 공제금액을 초과할 때만 과세됩니다.

과세 대상 유형 및 과세단위 구분		공제금액
주택	인별 전국 합산	6억 원(1세대 1주택자 9억 원)
종합합산토지		5억 원
별도합산토지		80억 원

종합부동산세는 개인 단위로 매겨집니다. 위 표에서 공제금액을 넘어야 과세되고 주택은 개인별로 6억 원이므로, 공동등기를 하면 12억 원까지는 비과세됩니다.

건물은 크게 건축물과 주택으로 나뉩니다. 이 중 종합부동산세 가 부과되는 것은 주택 부분입니다. 주택 외 건축물에 대해서는 종 합부동산세가 부과되지 않습니다.

그럼 어떤 부동산이 과세 대상이 되는지 아래 표로 간단히 정리 해봤습니다.

구분	부동산	과세 여부
주택	주택(부속 토지 포함, 연립주택, 단독, 다가구, 다세대주택) 주거용 오피스텔	O
건축물	일반건축물(상가, 사무실, 빌딩, 상업용 오피스텔)	X
	공장건물, 골프장, 고급오락장, 별장(휴양, 피서용)	
	일정한 임대주택, 미분양주택, 사원주택, 기숙사	
	일정한 가정 어린이집용 주택(주거겸용 놀이방)	
토지	나대지, 잡종지	O
	일반건축물(공장용, 영업용)의 부속 토지	O
	골프장, 고급오락장용 토지, 자경농민의 전, 답, 과수원	X
기타	분양권, 재개발, 재건축 아파트 입주권	X

골프장 등의 건축물은 사치성 재산에 해당해 높은 세율로 재산세를 부과하므로 종합부동산세는 따로 매기지 않습니다.

세알못

제가 공시가격 6억 원, 아내가 공시가격 5억 원인 아파트가 각각 한 채일 때 종부세는 얼마나 나오나요?

택스코디 한 번 더 강조하자면 종합부동산세는 개인별로 과세됩니다. 따라서 위 표의 공제금액을 적용하면 종합부동산세가 나오지 않게 됩니다.

종합부동산세 고지, 납부

과세기준일(매년 6월 1일) 현재, 소유 부동산을 기준으로 종합부동산세 과세 대상 여부를 판정합니다. 관할 세무서장이 세액을 직접 결정·고지합니다.

납세의무자는 납부 기간(12월 1일~12월 15일)에 직접 금융기관에 납부하거나 가상계좌, 인터넷 뱅킹, 홈택스 접속을 통해 전자, 신용카드 납부도 가능합니다.

납세자가 신고를 원할 때는 고지와 관계없이 납부 기간까지 신고·납부할 수 있으며, 이 경우 애초 고지된 세액은 취소됩니다. 농어촌특별세(종합부동산세 납부세액의 20%)도 함께 내야 합니다.

기준일

부동산 세금은 저마다 세금을 부과하는 기준이 되는 날짜가 있습니다. 먼저, 취득세는 취득한 날을 기준으로 60일(상속은 6개월) 이내에 취득금액에 세율을 곱한 후 계산된 세액을 신고·납부해야 합니다.

취득세는 분납이 아닌 전액을 한꺼번에 내는 것이 원칙입니다. 취득세 신고를 제대로 하지 않으면 미납세액의 20%가 가산세로 부과됩니다.

그런데 취득세의 부과 시점을 결정하는 취득 시기(기준일)는 상황에 따라 차이가 있습니다. 먼저 일반적인 유상 매매는 계약상 잔금 지급일이 취득 시기가 됩니다. 만약 잔금 지급일이 명시되지 않았다면 계약일부터 30일이 지난(경과한) 날이 기준일이 됩니다.

양도소득세 역시 부과 시점을 결정하는 시기는 원칙적으로 잔금을 정산한 날이 됩니다. 증여는 증여일(증여 계약서를 작성한 날). 상속은 피상속인이 사망한 날(상속 개시일)을 기준으로 취득 시기가 정해집니다.

세알못

취득일 전에 등기한 경우는 어떻게 되나요?

택스코디

취득일 전에 등기하면 등기일이 취득 시기가 됩니다. 잔금의 지급 여부와 상관없이 소유권이 이전되었으므로 그 시기를 앞당겨 정하게 됩니다.

재건축이나 재개발 조합원이 취득한 아파트의 취득 시기는 조금 다릅니다. 조합원은 자신의 헌 집을 헐고 새집을 짓는 개념이므로, 보통 집이 완공된 시점(완공일, 사용검사필증 교부일)이 기준일이 됩니다. 단, 조합원이 아닌 분양자는 신축이 아니라 돈을 주고 사는 것이기에 원칙적으로 잔금 지급일(정산일)이 취득 시기가 됩니다.

양도소득세 비과세 요건에서 가령 '보유 기간 2년'에 대한 판정은 취득일로부터 양도일까지의 기간으로 합니다. 여기서 취득일과 양도일을 제대로 따지는 일은 실무상 아주 중요합니다. 매도 시점을 정할 때 보유 기간을 고려해야 하기 때문입니다.

세알못

잔금 지급 후 아파트가 완공되는 경우엔 어떻게 되나요?

택스코디

일반 분양자는 잔금 정산일이 취득 시기이지만, 잔금 지급 후에 아파트가 완공되면 완공일에 취득한 것으로 합니다.

1984년 12월 31일 이전에 취득한 부동산은 1985년 1월 1일에 취득한 것으로 해서 양도소득세를 계산합니다. 오래된 부동산의 가격 수준이 아주 낮아 세금이 많아질 것을 대비한 일종의 완충 장치로 이해하면 됩니다.

양도소득세,
집을 팔았을 때
내야 하는 세금

집을 팔 때 내야 하는 세금이 양도소득세입니다. 그러나 집을 팔았다고 해서 무조건 양도소득세를 내는 것은 아닙니다. 집값이 올라 차익이 생겼을 때만 해당합니다. 만약 집값이 오르지 않았거나 오히려 떨어졌다면 내지 않아도 된다는 말입니다. 양도소득에 관해서는 양도소득세와 지방소득세를 신고·납부해야 합니다.

양도소득세는 주택의 수, 보유 기간, 미등기양도 여부 등에 따라 6~75%의 세율로 과세되며, 결정된 양도소득세액의 10%에 해당하는 지방소득세도 함께 신고·납부해야 합니다.

구분	양도소득세율	비고
1년 미만 주택	과세표준의 70%	단일세율
2년 이상 주택	과세표준의 6~45%	기본세율
미등기 주택	과세표준의 70%	장기보유특별공제 적용 안 됨

2021년부터는 변화가 무척 큽니다. 조정대상지역 내 1세대 2주택자는 기본세율 + 20%(종전에는 10%), 1세대 3주택자는 기본세율 + 30%(종전에는 20%)의 중과세율이 적용됩니다. 만약 둘 이상의 세율에 해당하면 각각의 산출세액 중 큰 것으로 합니다.

주거생활 안정을 위해 1세대 1주택으로 2년 이상 보유하였을 때 양도소득세를 과세하지 않기로 한 방침도 2021년부터는 변화를 맞이합니다. 9억 원을 초과하는 고가 주택을 양도하면 과세표준을 정할 때 과세양도차익을 따로 계산해야 합니다.

양도소득세는 세법 개정의 핵심 중 하나일뿐더러 절세에서 가장 큰 비중을 차지하므로 앞으로 반복해서 다룰 겁니다.

양도소득세 과세 대상 자산을 양도할 때는 아래와 같이 예정 신고·납부해야 합니다.

▪ 토지 또는 건물, 부동산에 관한 권리, 기타 자산(특정 주식 등)을 양도할 때 -

양도일이 속하는 달의 말일부터 2개월 이내

- **부담부증여**

  2016년 12월 31일까지 부담부증여 한 것 - 증여일이 속하는 달의 말일부터 2개월
  2017년 1월 1일부터 부담부증여 한 것 - 증여일이 속하는 달의 말일부터 3개월
  부담부증여란 배우자나 자녀에게 부동산 등 재산을 사전에 증여하거나 양도
  할 때 전세보증금, 주택담보대출과 같은 부채를 포함해서 물려주는 것입니다.

- **주식(특정 주식 등 제외)을 양도한 경우** - 2017년 12월 31일까지는 주식 양도
  일이 속하는 분기의 말일부터 2개월 이내, 2018년 1월 1일 이후부터는 주식
  양도일이 속하는 반기의 말일부터 2개월 이내

- **파생상품은 예정 신고가 없음**

양도소득세 때문에 거래 절벽이 오기도 합니다. 양도소득세가
많이 나오면 손에 쥘 수 있는 돈이 줄어든다고 생각하기 때문입니
다. 그러나 실제 계산해보면 생각만큼 세금이 많이 나오지는 않는
경우도 흔합니다.

구체적으로 세금을 계산할 수 있어야 다양한 절세법이나 대응
책이 나올 겁니다. 맨 앞에 양도소득세 계산법은 언급했고, 조금
더 구체적으로 알아보겠습니다.

양도소득세는 양도소득에 대한 세금을 냅니다. 다시 말해, 부동산을 사고팔 때 차액(양도차익)에서 양도소득을 구한 후 세율을 곱해 계산됩니다.

양도소득세를 구할 땐 먼저 양도차익을 계산해야 합니다.

- **양도차익** = 양도금액 - 취득금액 - 필요경비

양도차익이 계산됐으면 장기보유특별공제를 차감해 양도소득 금액이 계산됩니다.

- **양도소득 금액** = 양도차익 - 장기보유특별공제

양도소득 금액이 계산됐으면 각종 공제 후 과세표준이 계산됩니다.

- **과세표준** = 양도소득 금액 - 소득감면 대상 소득금액 - 양도소득 기본공제

과세표준에 세율을 곱하면 산출세액이 결정됩니다.

- **산출세액** = 과세표준 × 세율

산출세액 결정 후 감면세액을 차감하면 납부세액이 계산됩니다.

- **자진 납부세액** = 산출세액 - 세액 감면

양도 또는 취득 시기는 어떤 날을 기준으로 하나요?

소득세법 제98조에 따라 자산의 양도차익을 계산할 때 취득 시기 및 양도 시기는 대금을 지급한 날을 기준으로 합니다.

만약 대금을 지급한 시기가 분명하지 않다면 등기사항전부증명서상 등기 접수일, 대금을 지급하기 전에 소유권이전등기를 한 경우에는 등기 접수일, 상속 또는 증여에 의한 자산의 경우에는 상속이 개시된 날 또는 증여받은 날을 기준으로 합니다.

양도소득세에서 공제되는
취득금액과 필요경비

세금에 무관심하다가 오래전에 발생한 지출 금액을 지금에 와서 입증한다는 것은 정말 쉽지 않습니다. 지금부터라도 기본 지식을 숙지해 추후 발생할 세금을 줄이는 지혜가 필요합니다.

비과세 혜택이 없는 주택을 양도할 때, 양도차익은 양도금액에서 취득금액과 필요경비를 차감해 계산됩니다.

이때 취득금액은 매매계약서로, 필요경비는 영수증으로 각각 입증해야 합니다.

따라서 양도소득세를 적게 내려면 매매계약서를 제대로 작성해서 보관하고, 취득 시 지출된 돈(취득세 등 세금, 중개사 수수료 등)에 대한 영수증을 보관해야 합니다.

만약 입주 시 발코니를 확장했다면, 지출한 증빙(계약서 + 거래 영수증 + 송금 내역)도 잘 보관해 두는 것이 좋습니다. 특히 인테리어 공사를 했다면 반드시 적격증빙을 받아야 향후 양도소득세 계산 시 필요경비로 공제받을 수 있습니다.

2018년 4월부터는 적격증빙이나 금융거래 증빙 중 어느 하나만 갖춰도 필요경비로 인정되도록 시행령이 개정됐습니다. 금융거래 증빙 시 필요경비로 인정받으려면 인테리어업체의 사업자등록번호와 상호, 견적서, 간이영수증 등을 갖추어야 합니다.

세알못 **양도소득세를 신고해야 하는 데 취득계약서를 분실했습니다. 어떻게 하나요?**

택스코디 취득계약서를 분실했거나 다운계약서가 있는 경우, 실제 거래금액을 찾는 데 온 힘을 기울여야 합니다.

이유는 양도소득세 신고는 실거래금액을 기준으로 하기 때문입니다.

취득금액도 실거래금액으로 입증하는 것이 원칙입니다.

실거래 계약서가 없고 영수증만 보관하고 있다면 영수증 금액을 무조건 취득금액으로 인정하는 것은 아닙니다. 이럴 때는 관할 세무서장이 영수증, 전 소유자 확인 조사, 금융거래 내역 등에 근

거해 실거래금액을 인정할 때만 취득금액으로 인정됩니다.

만약 실거래금액이 따로 있다면 전 소유자와 연락해 매매계약서 보관 여부를 확인하고 전 소유자로부터 확인서를 받거나 금융증빙 등으로 실제 취득금액을 납세자가 입증해야 합니다.

만약 취득계약서를 양도 시점에서 소급해 작성할 때는 그 사실이 밝혀지면 취득금액 자체를 부인당할 가능성이 크다는 점에 유의해야 합니다.

전 소유자와도 연락이 되지 않습니다.

세알못

택스코디

그렇다면 소득세법 제114조 제7항에 따라 매매사례 금액, 감정액, 환산금액의 순서에 따라 취득금액을 계산합니다.

취득금액이 불분명한지는 관할 세무서장이 조사, 확인 후 결정합니다.

매매사례 금액은 양도일 또는 취득일 전후 각 3달 이내에 당해 자산과 같거나 유사한 자산의 매매사례 금액이 있는 경우, 그 금액을 취득금액으로 합니다.

감정액은 양도일 또는 취득일 전후 각 3달 이내에 당해 자산(주택 등은 제외)에 대해 둘 이상의 감정평가원이 평가한 금액의 평균 금액을 취득금액으로 합니다.

환산금액은 양도 당시 실제 거래금액, 매매사례 금액 또는 감정액을 아래와 같은 방법으로 환산해 취득금액을 계산하는 것을 말합니다.

환산금액 = 양도 당시의 실제 거래금액 등 × 취득 당시의 기준시가/양도 당시의 기준시가

분양받은 아파트나 경매 낙찰 가격이 있으면 취득금액이 존재하므로 환산할 수 없습니다. 이외에도 종전에 신고한 거래금액이 있거나 거래 일방을 탐문해 실제 거래금액이 밝혀지면 실제 거래금액이 우선 적용됩니다.

필요경비는 취득금액 외에 양도차익에서 차감하는 자본적 지출액 등을 말합니다. 실무에서 취득금액 입증과 함께 분쟁이 가장 많이 발생합니다. 그래서 공제가 가능한 필요경비 범위를 정해놓고 있습니다.

공제되는 필요경비는 자본적 지출액, 양도비 등입니다. 따라서 건물의 수선 비용 등이 모두 필요경비로 공제되는 것은 아닙니다. 정리하면 자본적 지출에 해당하는 비용만 필요경비로 인정됩니다.

세알못 **자본적 지출액이 무슨 말인가요?**

택스코디 자본적 지출액이란 해당 자산의 가치를 증대시키는 대수선비를 말합니다.
상반되는 용어가 수익적 지출입니다. 자산의 가치를 상승시키기보다는 본래의 기능을 유지하기 위한 비용으로 수익적 지출은 필요경비로 공제받을 수 없습니다.

자본적 지출 비용은 자산 내용의 연수를 연장하거나 자산 가치를 현실적으로 증가시키기 위해 지출한 비용으로 아래와 같습니다.

> 아파트 베란다 섀시비, 홈오토 설치비, 건물의 난방시설을 교체한 공사비, 방 확장 등 내부시설 개량 공사비 또는 보일러 교체 비용, 자바라 및 방범창 설치 비용, 사회 통념상 지급된 것으로 인정되는 발코니 섀시 설치 대금 등

수익적 지출 비용은 정상적인 수선 또는 경미한 개량으로 자산 가치를 상승시키기보다 본래 기능을 유지하기 위해 아래와 같이 지출한 비용을 말하며 필요경비로 인정하지 않습니다.

벽지/장판 교체 비용, 싱크대/주방 기구 교체 비용, 외벽 도색 작업, 문짝이나 조명 교체 비용, 보일러 수리 비용, 옥상 방수 공사비, 하수도관 교체비, 오수정화조 설비 교체비, 타일 및 변기 공사비, 파손된 유리 또는 기와의 대체, 재해를 입은 자산의 외장 복구 및 도장, 유리의 삽입, 화장실 공사비, 마루 공사비 등

거실 확장 공사와 마루 교체 공사를 같이하면 어떻게 되나요?

세알못

택스코디

자본적 지출 비용과 수익적 지출 비용이 함께 지출되면 자본적 지출 비용만 필요경비로 인정됩니다. 두 공사를 같이했더라도 거실 확장 공사비만 필요경비가 됩니다.

주택을 풀옵션으로 임대하려고 구매한 냉장고, 세탁기, TV, 전기 조리기 등도 건물과 별개의 시설물이므로 양도소득세 계산 시 필요경비로 인정되지 않습니다.

정리하면 필요경비로 인정받으려면 자본적 지출 비용이어야 하고, 금융거래 증빙 시 필요경비로 인정받으려면 인테리어업체의 사업자등록번호와 상호, 견적서, 간이영수증 등을 갖추어야 합니다.

누진세율과 비례세율

부동산 세금의 세율 또한 과세표준만큼이나 복잡해 보입니다. 역시 반복해서 읽다 보면 금세 눈에 들어올 테니 염려 붙들어 매도 됩니다.

실무상 부동산 관련 세율은 취득 단계부터 시작해 보유, 임대, 그리고 양도, 상속, 증여 단계로 구분해 이해하면 조금 더 이해가 빠릅니다.

먼저 누진세율과 비례세율은 어떤 의미가 있는지 살펴볼까요. 누진세율은 과세표준의 크기에 따라 세금이 누진적으로 변하는 세율이고, 비례세율은 과세표준의 크기에는 상관없이 세금이 비례적으로 늘어나는 세율을 말합니다.

누진세율을 예로 들어보겠습니다. 보유 기간이 2년 이상이고, 과세표준이 5천만 원인 부동산의 양도소득세를 계산해보겠습니다.

양도소득세 누진세율은 1,200만 원 이하 구간이 6%, 1,200~4,600만 원 구간은 15%, 나머지 4,600만 원 이상 구간은 24%의 세율이 각각 적용됩니다.

1,200만 원 × 6% + 3,400만 원(4,600만 원 - 1,200만 원) × 15% + 400만 원(5,000만 원 - 4,600만 원) × 24% = 678만 원

원래 계산은 이렇지만, 더 간편한 방법이 있습니다. 과세표준의 총금액에 해당하는 세율을 곱한 금액에서 누진 공제액을 빼면 똑같은 결과가 나옵니다. 누진 공제액은

다음과 같습니다.

과세표준	누진 공제액(만 원)
1,200만 원 이하	0
1,200만 원 초과 4,600만 원 이하	108
4,600만 원 초과 8,800만 원 이하	522
8,800만 원 초과 1억5천만 원 이하	1,490
1억5천만 원 초과 3억 원 이하	1,940
3억 원 초과 5억 원 이하	2,540
5억 원 초과	3,540

누진 공제액으로 양도소득세를 계산하면 이렇습니다.

5,000만 원 × 24% - 522만 원(누진 공제액) = 678만 원

비례세율도 알아볼까요.

예를 들어, 양도소득세는 1년 미만 보유 후 양도하면 누진세율이 아닌 50%(2021년 6월 1일 이후 양도분부터 1년 이상 보유 시 60%, 1년 미만 보유 시 70% 세율이 적용됩니다)의 비례세율이 적용됩니다.

비례세율은 과세표준의 크기가 1천만 원이든지, 1억 원이든지 상관없이 획일적으로 세율이 적용돼 세금이 계산됩니다.

비례세율은 과세표준의 크기와 관계없이 적용되므로 누진세율과 비교하면 세 부담이 상당히 무겁다고 할 수 있습니다. 일반적으로 비례세율은 보유 기간이 짧을 때 적용됩니다.

직접 계산해보는
양도소득세

세알못 씨는 아래와 같이 주택을 양도했습니다. 이 주택은 조정
대상지역에 있지 않고, 비과세와 감면을 받지 못한다고 가정합니다.

- **거래 일자** – 취득일 2014년 12월, 양도일 2020년 6월
- **거래금액**(실거래가) - 취득금액 3억 원(취득세 등 포함), 양도금액 5억 원

먼저 양도차익을 구해야겠죠. 한 번 더 복습하면 양도차익은 집
을 팔아 번 소득입니다. 양도금액에서 취득금액과 경비로 들어간
비용을 차감해 계산합니다. 예전에는 기준시가로 신고할 수 있었
지만, 현재는 모두 실거래가로 양도차익을 계산합니다.

취득금액과 기타 필요경비(취득세, 법무사 수수료, 채권 할인료, 부동산 중개수수료 등 취득과 양도 관련 비용)가 공제되므로 증빙을 잘 보관하면 절세할 수 있습니다. 중도에 지출한 인테리어 비용도 공제됩니다.

- **양도차익** = 양도금액 - 취득금액 - 필요경비 = 5억 원 - 3억 원 = 2억 원

양도차익을 구했으면 양도차익에서 장기보유특별공제를 적용해 양도소득 금액을 계산합니다.

최 씨의 경우에는 5년 이상 보유했으므로 장기보유특별공제는 10%가 적용됩니다.(87쪽 참고)

- **양도소득 금액** = 양도차익 - 장기보유특별공제 = 2억 원 - (2억 원 × 10%) = 1억8천만 원

양도소득 금액을 구했으면 기본공제를 차감해 과세표준을 구합니다. 세알못 씨의 경우에는 감면을 받지 못한다고 가정했으므로 기본공제(1인당 250만 원을 무조건 공제)만 가능합니다. 기본공제를 하는 목적은 취득이나 양도할 때 발생한 교통비나 식대 등 각종 소액 비용을 대신한다고 이해하면 됩니다.

- **과세표준** = 양도소득 금액 - 소득감면 대상 소득금액 - 양도소득 기본공제 = 1억8천만 원 - 250만 원 = 1억7,750만 원

이제 과세표준에 세율을 곱하면 됩니다. 앞장에서 배운 세율을 복습하면 양도세율은 보유 기간 등에 따라 다르게 적용됩니다. 또 중과세 정책에 따른 세율을 별도로 적용합니다.

세알못 씨는 보유 기간이 5년 이상이고 조정대상지역이 아니므로 기본세율 38%, 누진 공제액은 1,940만 원입니다.

- **산출세액** = 과세표준 × 세율 - 누진 공제 = 1억7,750만 원 × 38% - 1,940만 원 = 48,050,000원

산출세액 결정 후 감면세액을 차감하면 납부세액이 계산됩니다.

- **자진 납부세액** = 산출세액 - 세액 감면

세알못 씨의 경우에는 감면이 없다고 가정했으므로 48,050,000 원이 납부세액이 됩니다. 양도일이 속하는 달의 말일로부터 2개월 이내에 양도인의 주소지 관할 세무서에 의무적으로 신고·납부해야 합니다. 이를 제대로 이행하지 않으면 가산세가 부과됩니다.

세알못 씨가 예정 신고·납부한다고 가정하면 최종적으로 내야

하는 세금은 아래와 같습니다.

- **양도소득세** - 48,050,000원
- **지방소득세**(양도소득세의 10%) - 4,805,000원
- **납부할 세금** - 52,855,000원

양도소득세 신고 시 제출할 서류는 취득 및 양도 시 매매계약서, 필요경비 입증서류, 감면 입증서류 등이 있습니다.

양도소득세 직접 신고

    양도소득세 계산법은 충분히 숙지했으니, 이제 양도소득세 신고서 작성 방법도 알아볼까요.

    양도소득세 신고는 양도소득 금액 계산 명세서, 필요경비 명세서, 양도소득 과세 표준 신고 및 자진 납부 계산서를 아래 첨부 서류와 같이 제출하면 됩니다.

- 토지 및 건축물 대장(인터넷에서 발급 가능, 제출 생략 가능)
- 토지 및 건물 등기부 등본(인터넷에서 발급 가능, 제출 생략 가능)
- 취득, 양도 시 매매계약서 사본과 매매대금 영수증
- 취득세, 자본적 지출 비용 등 영수증(적격증빙)
- 감면 신청서(감면이 있는 경우) 등

아래와 같이 상황을 가정해 양도소득 신고서를 작성해 보겠습니다.

- **취득 현황**

  취득일 – 2014년 12월 1일

  전용면적 – 100㎡, 공용면적 – 10㎥

취득금액 – 2억 원

필요경비 – 1천5백만 원

- **양도 현황**

  양도일 – 2020년 4월 30일

  양도금액 – 5억 원

신고 서식 작성 예시

양도소득 금액 계산 명세서

1. 양도자산 표시

세율 구분	합계			
자산 종류		아파트		
총면적(양도 지분)		110		

2. 양도금액 계산

신고 구분(실가, 기준시가)		실가		
양도 일자		2020. 4. 30		
양도 면적(㎡)		110		
공시지가				

양도금액	500,000,000원	500,000,000원		

3. 취득금액 및 공제액 계산

취득 일자		2014. 12. 1		
취득 면적(㎡)		110		
토지 등급				
공시지가				
취득금액	200,000,000원	200,000,000원		
기타 필요경비	15,000,000원	15,000,000원		
양도차익	285,000,000원	285,000,000원		
장기보유특별공제	28,500,000원	28,500,000원		
양도소득 금액	256,500,000원	256,500,000원		
감면소득 금액				

- **장기보유특별공제** = 양도차익 × 10%(보유 기간 5년) = 285,000,000원 × 10% = 28,500,000원

- **양도소득 금액** = 양도금액 − 취득금액 − 필요경비 − 장기보유특별공제 = 256,500,000원

양도소득 과세표준 신고 및 자진 납부 계산서

■ 예정 신고 □ 확정신고 □ 수정신고 □ 기한 후 신고

1. 양도인과 양수인의 인적 사항

신고인	성명		주민등록번호	
	주소		전화번호	
양수인	성명	주민등록번호	양도 자산	지분

2. 양도세 자진 납세액

세율 구분	합계	국내분 소재	2년 이상	
양도소득 금액	256,500,000	256,500,000	256,500,000	
기신고 결정된 양도소득 금액 합계				
양도소득 기본공제	2,500,000	2,500,000	2,500,000	
과세표준	254,000,000	254,000,000	254,000,000	
세율			38%	
산출세액	77,120,000	77,120,000	77,120,000	
감면세액				
예정 신고 납부세액 공제	0	0	0	
수정신고 가산세 등				
기신고, 결정세액				
자진 납부세액	77,120,000	77,120,000	77,120,000	
분납 세액	38,560,000	38,560,000	38,560,000	
자진 납부세액	38,560,000	38,560,000	38,560,000	

3. 농어촌특별세와 주민세 자진 납부 계산서

농어촌특별세		지방소득세		구비서류
소득세 감면세액		소득세 자진 납부세액	77,120,000	■ 양도소득 금액 계산 명세서 1부
세율	20%	세율	10%	■ 토지, 건축물 대장 등본 각 1통
			7,712,000	■ 토지,건물 등기부 등본 1통
산출세액				■ 매도 및 매입 계약서 사본 ■ 감면신청서 1부 등

4. 신고 날짜 및 신고인 서명

2020년 6월 30일				접수일자 인
신고인 세알못(서명 또는 인)				
세무대리인	성명		관리번호 및 전화번호	

- **과세표준** = 양도소득 금액 − 기본공제 = 256,500,000원 − 2,500,000원 = 254,000,000원

- **산출세액** = 과세표준 × 세율 − 누진 공제액 = 254,000,000원 × 38% - 19,400,000원 = 77,120,000원

양도소득세는 본인 스스로 국세청 홈택스에서 신고할 수 있고, 주소지 관할 세무서를 대상으로 우편 또는 방문 접수로 할 수도 있습니다.

2.

쓰나미급
세금

조정대상지역에
살고 있다고요?

어느 지역에 살고 있는지가 더없이 중요해졌습니다. 그 이유는 최근 정부의 부동산 대책이 조정대상지역 내 투기 근절을 목적으로 하기 때문입니다.

정부는 부동산 투자 광풍을 가라앉히기 위해 2017년 8월 2일 〈실수요 보호와 단기투자 수요 억제를 통한 주택시장 안정화 방안〉 2017년 9월 5일 〈8·2 대책 후속 조치〉라는 강력한 부동산 대책을 발표했습니다. 이에 따라 주요 지역들이 조정대상지역, 투기지역, 투기과열지구로 지정됐습니다.

이에 대한 세부 사항은 국토교통부 홈페이지(www.molit.go.kr)를 참고하세요.

조정대상지역은 선정기준은 어떻게 되나요?

이전 3개월간 주택 가격 상승률이 소비자물가 상승률의 1.3배를 초 과한 지역을 말합니다. 이를 기준으로 정부가 주택시장이 과열되었다 고 판단해 대출과 청약 규제가 이루어집니다.

조정대상지역으로 지정되면 어떤 것들을 규제하나요?

무주택세대는 공시가격 9억 원 이하의 주택을 살 때 주택담보대출비 율(LTV) 50%, 총부채상환비율(DTI) 50%까지 대출받을 수 있지만, 1주택자는 불가능합니다.

이사나 60세 이상 부모 동거봉양 등 불가피한 경우에는 2년 이 내 기존주택을 처분하는 조건으로, 무주택자인 자녀의 분가나 타 지역에서 거주 중인 60세 이상 부모 별거봉양(따로 살면서 부양) 등 불가피한 경우에는 기존주택을 팔지 않아도 예외적으로 LTV 50%, DTI 50%까지 대출 가능합니다.

무주택자이면서 부부 합산 연 소득 6천만 원 이하(생애최초주택 구매자는 7천만 원), 5억 원 이하 주택을 사는 서민 실수요자에게는 LTV 70%, DTI 60%까지 대출됩니다.

조정대상지역 내 LTV가 강화돼서 가령, 10억 원 시가의 주택을 매입할 때 주택담보대출 한도는 9억 원까지는 50%를 반영해 4억5천만 원이 적용됩니다. 초과하는 1억 원에는 30%의 LTV가 적용돼 3천만 원만 대출이 가능합니다.

 2년 이내 기존주택을 처분하지 못하면 어떻게 되나요?
세알못

 1주택 보유 세대가 직장 근무나 별거봉양 등으로 기존주택을 보유하
택스코디 면서 추가로 주택을 사야 할 필요성을 입증할 때는, 기존주택과 신규 취득주택에 가족이 각각 직접 거주하겠다는 약정을 체결하면 대출받을 수 있습니다. 단 2년 이내에 기존주택을 처분해야 하는데, 이를 위반하면 대출을 즉각 상환해야 하고 신규 대출도 향후 3년간 제한됩니다.

투기과열지구로 지정된 지역에서 3억 원 이상의 주택, 입주권, 분양권을 취득할 때는 자금조달계획서와 입주계획서를 제출해야 합니다. 제출된 계획서는 국세청 등 관계 기관에 통보되고, 자금출처조사 등에 활용됩니다.

주택취득자금 조달 및 입주계획서는 계약 체결일로부터 30일(종전 60일) 이내에 제출하지 않거나, 거짓으로 작성하면 부동산 거래 신고 등에 관한 법률 제28조 제2항 또는 제3항에 의해 과태료(미신고 시 500만 원, 허위신고 시 2%)가 부과됩니다.

2021년 조정대상지역
세금 총정리

    주택 거래 규제구역인 조정대상지역이 많이 늘어났습니다. 2020년 6월 19일부로 경기도와 인천광역시 대부분이 조정대상지역으로 추가 지정됐고, 지방에서도 대전과 청주 일부가 조정대상지역에 포함됐습니다. 2020년 11월 20일 새롭게 지정한 조정대상지역은 경기 김포시와 부산 해운대구, 동래구, 수영구, 연제구, 남구, 대구광역시 수성구 등입니다.

    정부는 풍선효과 차단을 위해서 2020년 12월 17일 전국 서른일곱 곳을 규제지역으로 무더기 지정했습니다. 부산 9곳, 대구 7곳, 광주 5곳, 울산 2곳, 파주·천안·전주·창원·포항 등이 추가로 조정대상지역으로 추가됐습니다.

세알못 부산 강서구에 살고 있습니다. 조정대상지역으로 추가 지정되었는데, 무엇이 달라지는 건가요?

 택스코디 조정대상지역으로 지정되면 대출과 분양권 전매가 제한되기도 하지만, 세금 부담도 많이 늘어납니다.

1세대 1주택인 경우에는 양도소득세 비과세 혜택이 있습니다. 이때 2년 이상만 보유하면 비과세 혜택을 받을 수 있지만, 보유 주택이 조정대상지역에 있을 때는 보유뿐만 아니라 '2년 이상 거주'를 해야 비과세 됩니다. 2017년 8월 3일 이후 조정대상지역에서 취득한 주택 모두 해당합니다.

다만, 2년 거주 요건은 '취득일 기준'으로 적용되기 때문에 비조정대상지역일 때 취득했다가 이번에 신규로 조정대상지역에 포함된 경우라면 2년 보유 요건만 갖춰도 1세대 1주택 양도소득세 비과세를 받을 수 있습니다.

반대로 취득할 때는 조정대상지역이었지만 양도 전에 조정대상지역에서 해제됐다면 2년 거주 요건을 갖춰야만 비과세가 된다는 것에 주의해야 합니다.

이사 예정입니다. 일시적으로 2주택자가 되는데 무엇을 주의해야 하나요?

이사 등의 이유로 일시적으로 2주택이 된 경우에도 1세대 1주택으로 보고 양도소득세 비과세 혜택을 줍니다. 이때 '일시적'으로 인정되는 기간은 2년으로 조정대상지역에서 벌어진다면 이 기간이 1년으로 줄어듭니다.

조정대상지역에서 조정대상지역으로 이사할 때 이사 후 1년 이내에 종전에 살던 집을 팔아야만 일시적인 2주택으로 인정됩니다.

이때 조정대상지역에서 조정대상지역으로 이사할 때가 아니라 비조정대상지역에서 조정대상지역으로 이사하거나 조정대상지역에서 비조정대상지역으로 이사할 때는 3년 내에만 종전 주택을 양도하면 됩니다.

아파트가 2채 있는데 모두 조정대상지역으로 지정됐습니다. 아파트 하나를 양도하면 양도소득세는 어떻게 되나요?

다주택자가 보유한 주택이 조정대상지역으로 지정되고 나서 이 주택을 양도할 때는 양도소득세가 중과됩니다. 2주택은 기본세율에 20%(종전에는 10%), 3주택 이상은 30%(종전에는 20%)가 중과됩니다. 또 장기보유특별공제도 받지 못합니다.

다주택자의 양도소득세 중과 여부는 '양도일 현재'를 기준으로 판단합니다. 조정대상지역으로 지정되기 전에 취득했더라도 양도 시점에 조정대상지역이라면 양도소득세가 중과됩니다. 예외로 조정대상지역 공고 이전에 매매계약을 체결하고 계약금을 받았다면 중과되지 않습니다.

세알못
2021년 조정대상지역에서 종합부동산세는 어떻게 달라지나요?

택스코디
조정대상지역에 보유한 주택은 종합부동산세 부담이 늘어납니다. 조정대상지역 2주택자는 3주택자와 똑같이 기본세율에 0.2~0.8%p 높은 세율로 종합부동산세를 내야 하고, 세 부담 상한도 일반지역 2주택(150%)보다 높은 300%(종전에는 200%)가 적용됩니다. 특히 법인이 조정대상지역에 주택을 보유할 때, 2021년부터 종합부동산세율이 최대 6%로 인상됩니다.

이제부터 종합부동산세와 양도소득세를 중심으로 바뀌는 세금을 꼼꼼히 살펴보겠습니다.

2020년 12월 21일 현재 조정대상지역

시, 도	지역
서울	25개 구
경기	고양시
	과천시
	광명시
	광주시(초월읍, 곤지암읍, 도척면, 퇴촌면, 남종면, 남한산성면 제외)
	구리시
	군포시
	김포시(통진읍, 대곶면, 월곶면, 하성면 제외)
	남양주시(화도읍, 수동면, 조안면 제외)
	부천시
	성남시
	수원시
	시흥시
	안산시
	안성시(일죽면, 죽산면, 삼죽면, 미양면, 대덕면, 양성면, 고삼면, 보개면, 서운면, 금광면 제외)
	안양시
	양주시(백석읍, 남면, 광적면, 은현면 제외)
	오산시
	용인시(처인구 포곡읍, 모현읍, 백암면, 양지면,원삼면 가재월리, 사암리, 마평리, 좌항리, 맹리, 두창리 제외)
	의왕시
	의정부시
	파주시
	평택시
	하남시
	화성시
인천	계양구
	남동구
	동구
	미추홀구
	부평구
	서구
	연수구
	중구(을왕동, 남북동, 덕교동, 무의동 제외)
세종	세종특별자치시(행정중심복합도시 건설 예정지역)
충북	청주시(낭성면, 마원면, 가덕면, 남일면, 문의면, 남이면, 현도면, 강내면, 옥산면, 내수읍, 북이면 제외)

충남	공주시
	논산시
	천안 동남구
	천안 서북구
경북	경산시
	포항 남구
부산	남구
	동래구
	수영구
	연제구
	해운대구
	강서구
	금정구
	동구
	부산진구
	북구
	사상구
	사하구
	서구
	영도구
대구	수성구
	남구
	달서구
	달성군(가창군, 구지면, 하빈면, 논공읍, 옥포읍, 유가읍, 현풍읍 제외)
	동구
	북구
	서구
	중구
광주	광산구
	남구
	동구
	북구
	서구
울산	중구
	남구
대전	대덕구
	동구
	서구
	유성구
	중구
전북	전주 덕진구
	전주 완산구
전남	광양시
	순천시
	여수시
경남	창원 성산구

부동산 대책에 따른 종합부동산세 인상

종합부동산세는 재산세와 마찬가지로 시세가 아니라 공시가격을 기준으로 부과됩니다. 정부는 2018년 〈9·13 부동산 대책〉을 통해 과세표준 3~6억 원 구간을 새로 만들고, 과세표준 3억 원(시가 약 18억 원) 이하의 세율은 그대로 유지하되 과세표준 3억 원 초과의 세율을 0.2~0.7% 인상했습니다.

3주택 이상 보유자 및 조정대상지역 2주택 보유자의 세율도 0.1~1.2% 인상했습니다. 또 1주택자 및 기타 2주택자의 세 부담 상한은 150%로 유지하되, 조정대상지역의 2주택자는 200%, 3주택 이상은 300%로 인상했습니다.

아래 표는 2021년 이전 종합부동산세 세율입니다.

구분	주택				종합합산			별도합산		
과세표준	일반		조정대상지역 2주택 또는 3주택 이상		과세표준	세율(%)	누진공제	과세표준	세율(%)	누진공제
	세율(%)	누진공제	세율(%)	누진공제						
3억 원 이하	0.5		0.6		15억 원 이하	1		200억 원 이하	0.5	
6억 원 이하	0.7	60만 원	0.9	90만 원						
12억 원 이하	1	240만 원	1.3	330만 원	45억 원 이하	2	1,500만 원	400억 원 이하	0.6	2,000만 원
50억 원 이하	1.4	720만 원	1.8	930만 원						
94억 원 이하	2	3,720만 원	2.5	4,430만 원	45억 원 초과	3	6,000만 원	400억 원 초과	0.7	6,000만 원
94억 원 초과	2.7	10,300만 원	3.2	11,010만 원						

종합부동산세 세율표

세알못

세 부담 상한액이 무엇인가요?

택스코디

과세 대상 유형별로 해당연도 총세액 상당액(재산세 상당액 + 종합부동산세 상당액)이 전년도 총세액 상당액과 비교해 일정 한도(150~300%, 위 참고)를 초과할 때 그 초과하는 세액은 면제된다는 말입니다.

참고로 종합부동산세는 1세대 1주택으로서 고령이고 장기간 보유했을 때 세액을 공제해줍니다. 이 둘은 중복으로 할 수 있어 80%까지 공제됩니다.

- **고령자 세액공제**
  만 60세 이상~만 65세 미만 10%, 만 65세 이상~만 70세 미만 20%, 만 70세 이상 30%

- **장기보유 세액공제**
  5년 이상 20%, 10년 이상 40%, 15년 이상 50%

고가 주택을 가진 사람 중 주택을 한 채만 가진 1세대 1주택 고령자라면 종합부동산세 공제 혜택을 더 받을 수 있다는 뜻입니다.

63세인 1주택자 세알못 씨가 주택을 13년 보유했다고 가정하면 총공제율은 50%입니다. 고령자 공제 10%에 장기보유 공제 40%를 합산해 총 50%의 세액공제 혜택을 받는 것입니다.

만약 71세이고 16년 보유한 주택이라면 고령자 공제율 30%에 50%의 장기보유 공제를 합산해 80%가 됩니다.

그러나 2020년에 발표한 부동산 규제책으로 2021년부터는 종합부동산세율이 인상됩니다. 개인 주택분에는 세율을 올리고 법인 주택분에는 고율의 단일세율이 적용됩니다.

과세표준	2주택 이하			3주택 이상, 조정대상지역 2주택		
	현행	개 정		현행	개 정	
		개인	법인		개인	법인
3억 원 이하	0.5%	0.6	3%	0.6%	1.2	6%
3~6억 원	0.7%	0.8		0.9%	1.6	
6~12억 원	1.0%	1.2		1.3%	2.2	
12~50억 원	1.4%	1.6		1.8%	3.6	
50~94억 원	2.0%	2.2		2.5%	5.0	
94억 원 초과	2.7%	3.0		3.2%	6.0	

2021년부터 적용되는 종합부동산세율

2021년 고지분부터 세 부담 상한도 인상됩니다. 법인 주택분은 세 부담 상한 적용이 폐지되고 개인 조정대상지역 2주택자 세 부담 상한은 200%에서 300%로 올라갑니다.

구분	현행 (개인·법인 동일)	개 정	
		개 인	법 인
일반 1 주택	150%	150%	폐 지
조정대상지역 2주택	200%	300%	
3주택 이상	300%	300%	

2021년부터 적용되는 세 부담 상한

　참고로 법인 보유 주택에 대한 종합부동산세 공제액(6억 원)은 폐지됩니다. 법인이 조정대상지역 내 신규 등록한 임대주택은 2020년 6월 18일 이후 임대사업 등록 신청분부터 종합부동산세가 과세됩니다.

　반가운 소식도 있습니다. 2021년부터 1세대 1주택자의 세액공제는 확대됩니다. 고령자 공제율이 인상되고, 고령자 공제와 장기보유 공제를 합산한 공제 한도도 올라갑니다. 더불어 부부 공동명의 주택 세제도 바뀝니다.

고령자 공제			장기보유 공제(현행 유지)		공제 한도
나이	공제율		보유 기간	공제율	
	현행	개정			
60~65세	10%	20%	5~10년	20%	70% → 80%
65~70세	20%	30%	10~15년	40%	
70세 이상	30%	40%	15년 이상	50%	

2021년부터 적용되는 고령자 공제, 장기보유 공제

세알못 부부 공동으로 1주택을 보유할 때(다른 세대원은 보유 주택 없음) 세액공제가 적용되나요?

택스코디 종전에는 부부가 공동으로 1주택을 보유할 때는 1세대 1주택자에 해당하지 않으므로 세액공제가 적용되지 않았습니다.

그러나 부부 공동명의 1주택자들은 2021년부터 기본공제 9억 원을 선택하고 고령자 및 장기 보유자에게 주어지는 종합부동산세 세액공제를 받거나, 12억 원까지 기본공제를 받는 것 중 하나를 선택하면 됩니다.

양도소득세의 기본세율, 중과세율, 그리고 장기보유특별공제

주택을 매각할 때는 사업자 여부에 따라 양도소득세, 종합소득세, 법인세를 부담해야 합니다.

개인이 주택을 매각할 때는 양도소득세를 부담하고 개인사업자는 종합소득세, 법인사업자는 법인세를 부담해야 합니다. 개인사업자를 부동산매매업자라 하고, 법인사업자는 부동산매매법인이라고 합니다.

양도소득세는 양도소득 과세표준에 양도소득세율을 곱해 계산합니다. 조정대상지역 주택에 대한 양도소득세 중과세란 양도소득세율을 기본세율보다 높게 적용한다는 뜻입니다.

2017년 〈8·2 부동산 대책〉에 따라 2018년 4월 1일 이후로는 다주택자(1세대 2주택 이상 보유한 자)가 조정대상지역에 소재한 주택을 양도할 때는 양도소득세가 중과됩니다.

부동산매매업자가 조정대상지역에 소재한 주택을 매각할 때는 양도소득세와 종합소득세 중 큰 금액을 세금으로 내야 합니다. 일반적으로 양도소득세가 크기 때문에 부동산매매업자가 부담하는 종합소득세도 중과세된다고 볼 수 있습니다.

결국, 다주택자에 대한 절세 전략을 세우기 위해서는 다주택자에 대한 중과세가 무엇인지, 양도소득세, 종합소득세, 법인세는 어떻게 산정하는지를 우선 알고 이를 검토해 볼 필요가 있습니다.

혹시 본 책을 읽고 있는 다주택자라면 이를 유념하고 읽으면 더 도움이 될 것입니다.

세알못

최근 부산도 조정대상지역으로 지정되었습니다. 정해진 시기가 있나요?

택스코디

조정대상지역은 수시로 지정 또는 해제될 수 있음에 유의해야 합니다. 지정 또는 해제는 국토교통부 홈페이지에서 확인할 수 있습니다.

조정대상지역 소재 주택을 1세대 2주택자 또는 1세대 1주택과 1조합 입주권을 소유한 자가 양도하면 기본세율(6~42%)에 20%(2021년 6월 1일 이후, 이전 10%)를 추가한 세율(26~65%)을 적용하고, 1세대 3주택 이상인 자 또는 1세대가 주택과 조합원 입주권을 합해 3개 이상인 자가 양도하면 기본세율에 30%(2021년 6월 1일 이후, 이전 20%)를 추가한 세율(36~75%)을 적용해 양도소득세가 계산됩니다.

　　아래 표로 간단히 정리해보겠습니다.

구분		세율(%)	양도소득세
조정대상지역 외에 소재한 주택 양도		6~45	과세표준 × 세율 (6~45%)
조정대상지역 소재	1세대 2주택자 1세대 1주택과 1조합원 입주권	26~65	과세표준 × 세율 (26~65%)
	1세대 3주택 이상인 자 1세대가 주택과 조합원 입주권을 합해 3개 이상인 자	36~75	과세표준 × 세율 (36~75%)

　　양도소득세의 기본세율과 중과세율을 정리하면 아래 표와 같습니다.

과세표준	기본 세율 (%)	중과세율(%)		누진 공제액 (만 원)
		조정대상지역		
		1세대 2주택	1세대 3주택 이상	
1,200만 원 이하	6	26	36	0
1,200만 원 초과 4,600만 원 이하	15	35	45	108
4,600만 원 초과 8,800만 원 이하	24	44	54	522
8,800만 원 초과 1억5천만 원 이하	35	55	65	1,490
1억5천만 원 초과 3억 원 이하	38	58	68	1,940
3억 원 초과 5억 원 이하	40	60	70	2,540
5억 원 초과	42	62	72	3,540

　가령 양도소득 과세표준이 1억 원이라 가정해보겠습니다. 조정대상지역이 아닌 지역에 소재한 주택, 1세대 2주택자가 조정대상지역에 소재하는 주택, 1세대 3주택자가 조정대상지역에 소재하는 주택을 양도할 때 각각의 양도소득세는 얼마인가를 비교해보겠습니다.

- 조정대상지역이 아닌 지역에 소재한 주택

  1억 원 × 35%(기본세율) - 1,490만 원(누진 공제액) = 2,010만 원

- 1세대 2주택자가 조정대상지역에 소재하는 주택

  1억 원 × 55%(중과세율) - 1,490만 원(누진 공제액) = 4,010만 원

- 1세대 3주택자가 조정대상지역에 소재하는 주택

  1억 원 × 65%(중과세율) - 1,490만 원(누진 공제액) = 5,010만 원

장기보유특별공제란 무엇인가요?

세알못

택스코디

3년 이상 보유한 토지나 건물을 양도할 때는 양도차익의 일정 비율을 공제해줍니다. 양도소득 금액을 계산하기 위해서 부동산의 양도차익에서 장기보유를 이유로 일정액을 공제해주는 것을 장기보유특별공제라고 합니다. 장기보유특별공제 제도는 절세 효과가 상당히 큽니다.

양도소득세를 계산하려면 먼저 양도소득 금액(양도차익 - 장기보유특별공제)을 계산합니다. 부동산을 장기간 보유하는 사람은

투기 목적이 아닌 경우가 많습니다. 양도차익에 대해 단기간 보유한 사람과 같은 방법으로 세액을 계산해 과세하면 보유 기간에 누적된 소득이 일시에 매겨지고 누진세율로 많은 세금이 부과되므로 부동산 보유자에게는 장기보유가 상당히 부담스러울 수 있습니다.

이런 이유로 장기보유특별공제는 부동산의 장기보유를 유도해 부동산 투기를 억제하는데, 그 목적이 있습니다.

장기보유특별공제는 보유 기간이 3년 이상인 토지 또는 건물을 양도할 때만 적용합니다. 미등기로 양도하면 장기보유특별공제 적용이 안 됩니다.

장기보유특별공제율(%/연)

공제율	3년 이상	4년 이상	5년 이상	6년 이상	7년 이상	8년 이상	9년 이상	10년 이상	11년 이상	12년 이상	13년 이상	14년 이상	15년 이상
토지, 건물	6	8	10	12	14	16	18	20	22	24	26	28	30

※ 비사업용토지는 2016년 12월 31일 양도분까지는 적용하지 않다가 2017년 1월부터는 적용

2021년 1월 1일 이후 양도분부터 1세대 1주택이지만 고가 주택 (9억 원 초과)이라면 장기보유특별공제율 적용 요건에 거주기간이 추가됩니다. 연 8%인 보유 기간 공제율이 보유 기간 4%+거주기간

4%로 조정된 것입니다.

1세대 1주택자로 고가 주택을 소유하고 있을 때 공제율은 아래와 같습니다.

기간(년)		3~	4~	5~	6~	7~	8~	9~	10년 이상
종전(%)	보유	24	32	40	48	56	64	72	80
개정(%)	보유	12	16	20	24	28	32	36	40
	거주	12(8*)	16	20	24	28	32	36	40
	합계	24(20*)	32	40	48	56	64	72	80

만약 세알못 씨가 고가 주택을 3년 이상 보유하고, 거주를 2년 밖에 하지 못했다면, 장기보유특별공제율은 보유 12%(4 × 3년), 거주 8%(4 × 2년)로 총 20%가 적용됩니다. 예년 같았다면 그대로 24%를 적용받았겠죠.

세알못

2주택 이상을 보유한 1세대가 1주택 외의 주택을 모두 양도하고, 남은 1주택(고가 주택)을 2021년 1월 1일 이후 양도할 때, 장기보유특별공제를 적용하기 위한 보유 기간 및 거주기간은 언제부터 계산

되나요?

장기보유특별공제를 적용하기 위한 보유 기간은 처음 취득한 날부터 계산하며, 거주기간은 취득일 이후 실제 거주한 기간에 따라서 계산합니다

문제는 조정대상지역의 1세대 2주택자입니다. 2021년부터 이에 해당하면 장기보유특별공제가 아예 사라집니다. 양도소득세가 무겁게 매겨지는 겁니다.

홈택스, 위택스, 이택스

부동산 세금을 공부한다면 한 번쯤 들어봤을 세금 관련 사이트에 대해 알아볼까요.

홈택스 (www.hometax.go.kr)

국세청에서 운영하는 사이트로 부가가치세, 법인세, 원천세, 종합소득세, 양도소득세, 증여세, 종합부동산세, 교육세, 개별소비세, 인지세 등을 신고할 수 있으며, 연말정산 자료도 얻을 수 있습니다.

위택스 (www.wetax.go.kr)

행정자치부에서 운영하는 사이트로 국세를 제외한 취득세, 등록면허세, 지방소득세, 재산세, 주민세 등의 지방세 신고와 납부를 처리할 수 있습니다.

이택스 (www.etax,seoul.go.kr)

서울시에서 운영하는 사이트로 서울시의 지방세를 신고 또는 납부할 수 있습니다.

참고로 국세청에서는 '상속증여재산 스스로 평가하기' 서비스를 제공하고 있습니다. 이 서비스를 이용하면 납세자가 직접 유사 매매 사례를 쉽게 찾을 수 있고, 증여재산을 평가해서 세금을 미리 계산해 볼 수 있습니다.

'상속증여재산 스스로 평가하기'는 국세청 홈택스에 로그인 후에 이용할 수 있습니다. 주택 종류, 평가 기준일, 주택 소재지 등을 입력하면 증여받은 주택 주변에서 유사 매매 사례가 될 주택 거래액 목록을 모두 띄워줍니다

만약 여러 매매 사례가 조회되면 납세자는 세금을 줄이기 위해 최대한 낮은 금액의 매매 사례를 선택하기 마련인데, 이렇게 신고납부한 세금은 세무서에서 처리할 때 다른 평가액으로 결정될 수도 있다는 점을 알고 있어야 합니다.

그런데 시골 주택처럼 유사 매매 사례조차 찾기 어렵다면 국토교통부에서 공시한 기준시가로 세금을 신고하면 됩니다. 이 선택 역시 나중에 국세청이나 세무서에서 유사 매매 사례를 찾아낸다면 기준시가를 통한 납세자의 신고납부액이 인정되지 않고, 새롭게 과세될 수 있습니다.

3.

이것
모르면
세금 폭탄

개념과 구분

거주 형태에 따른 주택 구분

다가구주택 보유자인 새알못 씨, 함부로 불법 증축을 해 이를 양도할 때 중과세 폭탄을 맞게 되었습니다. 왜 이런 일이 발생했을까요?

다가구주택은 한 가구가 독립해 거주할 수 있도록 구획된 부분을 각각 하나의 주택으로 봅니다. 하지만 이를 부분별로 양도하지 않고 하나의 단위로 양도하는 경우 그 전체를 하나의 주택으로 봅니다. 즉 다가구주택 한 채를 보유한 경우 1세대 1주택으로 본다는 의미입니다.

세법상 다가구 주택은 주택으로 쓰는 층이 3개 이하, 주택으로 쓰이는 바닥면적이 $660m^2$ 이하, 19가구 이하라는 3가지 요건을 모두 만족해야 합니다. 불법 증축으로 이 중에서 하나라도 맞지 않으면 과세 당국이 이를 1주택이 아닌 다주택으로 봐 1호실을 제외한 나머지 호실에 다주택 중과세를 적용합니다.

'1세대 1주택 비과세, 다주택자 중과세' 이런 제목의 뉴스를 많이 봤을 것입니다. 비과세 판정을 위해서는 세대 개념을 정확히 알아야 합니다. 그리고 주택을 구분하고 주택 수를 계산할 줄 알아야 합니다.

세알못

다가구주택은 뭐고, 다세대주택은 무엇인가요?

택스코디

세금을 공부할 때, 제일 먼저 막히는 이유는 낯선 용어 때문입니다. 불친절한 데다가 생전 처음 들어보는 말을 극복하는 길은 자주 보는 수밖에 없습니다. 이제 택스코디와 함께 하나하나 알아가 볼까요.

다가구주택, 다세대주택, 공동주택 등 얼핏 보면 비슷한 용어 같습니다. 세법에선 거주 형태에 따라 집을 크게 두 가지로 구분합니다. 바로 '단독주택'과 '공동주택'입니다. 단독주택은 다시 세 가지로 나뉩니다. 아래와 같습니다.

- **단독주택** - 건축법상 면적 제한이 없고 단일가구를 위해 단독택지 위에 건축하는 형태로, 개인의 취향에 맞게 건축할 수 있다.

- **다중주택** - 주방과 화장실을 다른 사람과 공동으로 사용하는 원룸이나 고시원이 이에 속한다. 조금 불편하지만, 주거비용을 아낄 수 있는 장점이 있다.

- **다가구주택** - 세대별로 주방과 화장실이 따로 설치된 집. 함께 살지만 독립된 생활이 가능하다. 그러나 단독주택에 속하므로 개인별 소유 불가능.

공동주택은 아래 세 가지로 구분됩니다.

- **아파트** - 법적으로는 주택으로 쓰이는 총수가 5개 이상인 주택.

- **오피스텔** - 업무와 주거를 겸할 수 있는 주택으로, 주거가 주목적이면 주거용 오피스텔이라고 한다. 일반주택보다 매매 시 취득세가 높다.

- **다세대주택** - 흔히 빌라라고 불리는 주택. 4층 이하 건물로, 세대별 소유와 등기가 가능. 비슷한 형태로 연립주택이 있다.

다가구주택, 다세대주택, 겸용 주택을 아래 표로 정리해봤습니다.

구분	다가구주택	다세대주택	겸용 주택
구분	건축면적이 660㎡, 3층, 19가구 이하 주택	동당 건축면적이 660㎡, 4층, 19가구 이하 주택	상가와 주택이 결합한 주택
세법상 취급	단독주택으로 간주	각각 1채로 간주	**보유 시** – 주택과 상가건물로 안분해 재산세 과세 **양도 시** – 주택과 상가 면적에 따라 과세

다가구주택은 3층 이하 주택으로 구분 등기가 되지 않으면 세법에서는 1주택으로 봅니다.

다세대주택은 각 호가 1주택에 해당하므로 다주택자에 해당해 비과세를 적용받을 수가 없습니다.

세알못

다세대주택과 다가구주택을 구분하지 못하면 세금 폭탄을 맞을 수도 있다는 말이죠. 외관상으로는 구분하기가 힘들 것 같은데, 좋은 방법은 없나요?

택스코디

2021년부터 다주택자가 조정대상지역 주택을 팔 때 부과되는 양도소득세의 중과세율이 종전보다 10%포인트 더 높아집니다. 얼핏 보면 비슷해 보이는 다가구주택, 다세대주택이지만 부과되는 양도소득

팔까 줄까 버틸까

세는 천지 차이입니다. 그 이유는 다세대주택과 다가구주택의 주택 수 산정 개념이 다르기 때문입니다.

법적 정의를 살펴보면 다가구주택의 경우 주택으로 쓰이는 층수가 3개 층 이하, 다세대주택의 경우 층수가 4개 층 이하라는 차이점이 있습니다. 하지만 실제 외관상으로는 구분하기가 어렵습니다. 3층짜리 다세대주택도 있고, 반대로 근린생활시설 1층과 다가구주택 3층이 포함된 상가주택도 다가구주택으로 구분될 수 있기 때문입니다.

물론 다가구주택에 해당하더라도 상가겸용주택의 경우 9억 원을 초과하면 상가와 주택을 구분해서 양도소득세를 부과할 예정입니다. 그동안은 상가 면적이 주택 면적보다 작으면 주택으로 간주하고 각종 세제 혜택을 받을 수 있었지만, 2022년부터는 이 같은 혜택이 사라질 예정입니다.

다세대주택과 다가구주택을 구별하는 가장 정확한 방법은 등기부 등본을 확인하는 것입니다. 다가구주택은 집주인이 1명, 다세대주택은 집주인이 여러 명이 될 수 있습니다.

다가구주택은 등기부상 건축물 종류가 단독주택으로 되어 있고 구분 등기를 할 수 없습니다. 예를 들어 실제로 101호, 102호가 분리되어 있지만, 등기부상에서는 분리되지 않습니다.

반면, 다세대주택은 기본적으로 공동주택으로 분류됩니다. 공동주택에는 연립주택과 아파트 등이 있습니다. 101호, 102호의 소유권자가 달라질 수 있다는 것입니다.

이 차이 때문에 다가구주택은 다주택자가 아니지만, 다세대주택은 다주택자가 될 수 있는 것입니다.

주택 범위와 주택 수 계산

주택은 공부상 용도가 아닌 사실상 용도로 판정됩니다. 가령 무허가 주택이나 오피스텔이 주거용으로 사용되면 이는 당연히 주택에 해당합니다. 그런데 용도가 불분명할 때는 공부상 용도에 따릅니다.

단독주택의 비과세는 건물 정착면적의 5배(도시지역 외 토지는 10배) 이내의 부수토지를 포함합니다. 이를 초과하는 면적의 토지는 비사업용토지로 보기 때문에 양도소득세는 중과세됩니다.

세알못 **소유한 토지 일부에 주택이 지어졌으면 어디까지를 주택으로 보나요?**

택스코디 상시 주거용으로 사용하는 건물(사업을 위한 주거용 제외)과 이에 딸린 토지 면적이 아래 중 넓은 면적 이내의 토지까지 주택으로 봅니다.

① 건물의 연면적(지하층 면적, 지상층 주차장 사용면적 및 주민공동시설 면적 제외)
② 건물이 장착된 면적의 5배(도시지역 밖은 10배)를 곱해 산정한 면적

주택과 사업용 건물이 함께 설치된 경우에는 아래 1, 2 구분에 따릅니다.

① 주택 부분 면적 > 사업용 건물 부분 면적 - 전부 주택(부수토지 포함)
② 주택 부분 면적 ≤ 사업용 건물 부분 면적 - 주택 부분만 주택(부수토지는 건물 용도별 면적 기준으로 안분)

세알못

부수토지는 무엇인가요?

택스코디

주택 또는 건물이 지어진 땅(주택의 정착면적)과 그 주택에 딸린 토지를 부수토지라고 합니다.

마당이나 차고 같은 것을 생각하면 됩니다. 단, 주택의 부수토지

로 인정받으려면 주택 소유자와 토지 소유자가 같거나 같은 세대여야 하고, 같은 사람 소유라고 해도 울타리 등 생활 범위 밖에 있어서 공용으로 사용되고 있다면 부수토지로 인정받지 못합니다.

경기도 용인에 1만 평의 땅을 가지고 있습니다. 여기에 20평짜리 작은 집을 지어놓았다면 세금이 얼마나 부과되나요?

집의 정착면적인 20평의 5배 100평까지만 부수토지로 인정해 주고 나머지 9,900평에 대해서는 따로 세금이 부과됩니다.

세법에서는 단독주택의 1세대 1주택자 비과세는 도시지역 주택 정착면적의 5배까지, 비도시지역은 10배까지만 적용합니다.

다른 주택 없이 오피스텔만 보유하면서 그 오피스텔을 주거용으로 사용하면 1세대 1주택에 대한 양도소득세 비과세 혜택을 받을 수 있습니다. 그러나 이미 다른 주택이 있으면서 오피스텔을 매입해서 주거용으로 사용하면, 오피스텔도 주택 수에 포함해 1세대 2주택으로 양도소득세를 납부해야 합니다.

비과세나 중과세 판정 시 주택 수의 계산은 중요합니다. 주택 수는 어떤 식으로 계산되는지 살펴볼까요.

다가구주택은 1주택으로 보되, 구분 등기됐으면 각각을 1주택으로 계산합니다. 공동소유 주택은 그 지분이 가장 큰 자의 소유 주택으로 계산하는데 지분이 가장 큰 자가 2인 이상일 때는 각각의 소유로 계산하되, 합의에 따라 그중 1인을 임대 수입의 귀속자로 정한 때는 그의 소유로 계산합니다.

임차 또는 전세 받은 주택을 전대하거나 전전세할 때는 해당 임차 또는 전세 받은 주택을 임차인 또는 전세 받은 자의 주택으로 계산합니다.

본인과 배우자가 각각 주택을 소유한 때는 이를 합산해 계산합니다.

분양권도 주택 수에 포함되나요?

포함됩니다. 2021년 1월 1일 이후 취득분부터 양도소득 세제상 주택 수 계산 시 분양권도 포함됩니다. 1세대 1주택자·조정대상지역 내 다주택자 등 양도소득 세제상 주택 수를 계산할 때 분양권을 포함해 주택 수가 계산되는 것입니다.

2020년 현재 1주택과 1분양권을 보유하고 있습니다. 주택 수를 계

산할 때 분양권을 주택 수에 포함하나요?

아닙니다. 2020년 현재 보유한 분양권은 주택 수에 포함하지 않고 2021년 1월 1일 이후 새로 취득하는 분양권부터 주택 수에 포함됩니다.

세대

공무원을 퇴직하고 연금으로 생활하는 세알못 씨에겐 아들이 두 명 있습니다. 첫째 아들은 일찌감치 독립해서 회사에 다녔는데 벌이가 시원치 않았습니다. 결혼을 약속한 여자가 있었지만, 신혼집을 장만할 돈이 없어서 걱정이었죠.

우체국 공무원인 둘째 아들은 최 씨와 함께 살았는데 술과 담배를 너무 많이 하는 게 문제였습니다. 참다못한 세알못 씨가 독립을 권유하자 둘째 아들은 단숨에 $59m^2$ 아파트를 취득하며 가족들을 깜짝 놀라게 했습니다.

둘째 아들은 형 부부와 함께 살기로 하고 전입신고를 허락했습니다. 세입자인 형 부부에게 큰 방을 흔쾌히 내주고, 자신은 작은 방에서 지냈는데 사정이 어려운 형 부부에게 돈도 받지 않았습니다.

자기 집에서 하숙생이 된 둘째 아들은 형 부부조차 얼굴을 보기 힘들 정도로 바쁘게 지냈습니다. 그런데 전입신고를 하지 않은 바람에 어머니와 같은 집에 사는 세대원으로 등록돼 있었죠.

업무가 많아서 전입신고할 시간이 없었다고 핑계를 댔지만, 무려 3년씩이나 전입신고를 미룬 이유는 따로 있었습니다. 바로 어머니를 부양가족으로 해서 연말정산 공제를 받고 있었기 때문입니다. 만약 세대를 분리하면 부양가족 공제를 받지 못할까 봐 주소를 이전하지 않은 것이었습니다. 하지만 둘째 아들의 절세 플랜은 잘못된 상식이었고, 오히려 세금 폭탄을 맞는 도화선이 되어 버립니다.

어느 날 세알못 씨는 국세청의 전화를 받고 소스라치게 놀랐습니다. 8년 전 이사했을 때 양도소득세 신고가 제대로 이뤄지지 않았다는 것입니다. 당시 20년 동안 보유한 $114m^2$ 아파트를 팔기로 계약하고, 같은 단지의 아파트를 취득했습니다.

집을 사기로 한 사람의 잔금일이 늦어지면서 세알못 씨가 이사할 아파트를 먼저 취득하고, 3일 후에 기존 아파트를 양도했습니다. 결국 세알못 씨는 3일 동안 일시적 1세대 2주택 상태가 됐고, 양도소득세 비과세 대상으로 해서 따로 신고 절차도 밟지 않았습니다.

하지만 국세청은 당시 세알못 씨와 동일 세대원이던 둘째 아들이 주택 한 채를 보유하고 있었다는 점을 지적하고, 3주택자에 대한 양도세를 추징한 것입니다.

종종 세대 뜻을 몰라서 집을 샀는데 본인 생각과는 다르게 1세대 2주택자가 돼, 나중에 집을 팔 때 예상치 못한 양도소득세를 내게 될 수 있습니다.

양도소득세의 판단 기준이 되는 세대란 무엇인가요?

세알못

택스코디

세금을 부과하는 쪽에서 말하는 세대란 같은 집에서 함께 먹고 자는 거주자의 배우자, 부모, 자녀, 형제자매를 말합니다. 남편 쪽에서 보면 그의 직계존비속과 직계존비속의 배우자, 형제자매, 장인, 장모, 처형, 처남 등을 모두 포함합니다. 특히 배우자의 경우에는 생계를 달리하더라도(각자 다른 주소지로 하더라도) 똑같은 세대로 판단합니다.

정리하면 가족 구성원들의 주민등록상 주소지가 달라도 실제로 같은 집에서 함께 먹고 잔다면 이를 한 세대로 본다는 것입니다. 그러므로 한 집에서 먹고 자면서 1세대 2주택이나 3주택을 피할 목적으로 주소만 각자 다르게 해놓는 것은 꼼수에 불과합니다.

한 세대를 구성하려면 결혼해서 배우자가 있어야 합니다만, 아래의 경우에는 독신자라도 세대를 구성할 수 있습니다.

① 해당 거주자의 나이가 30세 이상인 경우

② 배우자가 사망하거나 이혼한 경우

③ 중위소득의 40% 수준(2020년 1인 가구 702,878원) 이상으로서 소유하고 있는 주택 또는 토지를 관리·유지하면서 독립된 생계를 유지할 수 있는 19세 이상인 청년

④ 미성년자의 결혼 또는 가족의 사망 등 불가피한 경우

가령 30세 미만으로 미혼인 최 씨가 직장에 다니면서 중위소득의 40% 이상을 벌고 부모님과 따로 살고 있다면, 최 씨는 세대를 구성할 수 있습니다. 이때 부모님과 최 씨가 각각 집 한 채를 2년간 가지고 있다가 팔더라도 1세대 1주택 비과세 요건에 해당해 양도소득세를 내지 않아도 됩니다.

세알못

부모님과 따로 살고 있는데 주민등록 주소만 같을 때는 1세대 1주택자 증명을 어떻게 하나요?

택스코디

실제로 부모와 자녀가 따로 살고 있다면 주민등록상의 동일 세대원으로 등기돼 있다 하더라도 동일 세대원으로 보지 않습니다.

그러나 1세대 1주택자로 인정받으려면 수도세 납부증명원, 전기세 납부영수증, 주민세 납부영수증 등을 첨부해 부모와 생계를 같이 하

고 있지 않다는 사실을 입증해야 합니다.

　1세대 1주택 양도소득세 비과세를 받으려면 양도일 현재 거주자인 1세대가 국내에 9억 원 이하의 1주택을 가지고 있어야 합니다. 단 서울 등 조정대상지역이면 2년 거주 및 보유 요건을 충족해야 합니다.

　하지만 가장 기본적이고 중요한 것은 먼저 1세대의 범위를 확실하게 파악하는 것입니다. 은퇴 후 1주택자인 배우자와 별거하면서 지방에서 1주택자인 부모님을 모시고 사는 중 배우자가 주택을 양도한 경우, 또 1주택자가 사실상 이혼으로 별거하던 중 배우자가 1주택을 취득한 사실을 모르고 양도한 경우 등 1세대 1주택 양도소득세 비과세인 줄 알았다가 추징당할 때가 의외로 많습니다.

　1세대 판단 시 동일 주택에서 생활하면서 독립적인 생계를 유지했는지에 관한 다툼도 많이 일어납니다. 이때는 독립적으로 생계를 유지했다는 증빙을 미리미리 갖추어 놓는 지혜가 필요합니다.

거주자와 비거주자 구분

　개인인 거주자가 해외 자산을 보유하고 있다가 처분하면 소득세법에서 규정하는 자산에 대해서는 양도소득세를 내야 합니다.

양도소득세 계산방식은 기본적으로 국내에 있는 자산을 양도한 경우와 같습니다. 다른 게 있다면 그 자산을 아무리 오랫동안 보유했더라도 장기보유특별공제는 적용하지 않습니다.

세법에서는 국적보다 주로 어디에 거주하고 있는가에 따라 거주자와 비거주자로 구분해 법을 적용합니다.

그러므로 국내에서 주로 생활한다면 거주자, 국외에서 주로 생활하고 있으면 비거주자로 판단합니다. 구체적으로 비거주자는 주로 1년(2016년 이후부터 185일 이상) 이상 해외에 머물 만한 직업을 가진 사람, 외국에 국적이 있는 사람, 해외 영주권을 얻은 사람 등을 말합니다.

세알못

1세대 1주택자인데 해외 이주 관계로 집을 팔려고 합니다. 그런데 채 2년을 보유하지 못하고 출국 후 집이 팔릴 것 같은데 비과세될 수 있나요?

택스코디

비거주자가 국내에 소재한 부동산을 양도하면 원칙적으로 양도소득세가 부과됩니다. 그러나 거주자가 비거주자로 되는 과정에서는 양도소득세를 비과세할 때가 있습니다.

출국 전 거주자 신분 상태에서 1세대 1주택 비과세 요건을 갖추고 양도하면 당연히 비과세됩니다. 그러나 세알못 씨와 같이 출국을 준비하는 과정에서 부득이하게 2년 보유 요건을 갖추지 못한 경우가 발생할 수도 있습니다.

세법에선 이런 점을 고려해 출국 후 비거주자가 된 상태에서 양도하면 보유 요건을 갖추지 않아도 비과세를 적용합니다.

실무에서는 해외 이주 신고 후에 세대 전원이 출국할 때, 출국일 현재 1주택을 보유한 상태에서 이날로부터 2년 이내에 주택을 양도하면 비과세를 적용합니다. 이런 비과세 규정은 취학이나 근무상 형편으로 세대 전원이 1년 이상 해외에서 체류할 때도 똑같이 적용합니다.

세알못 부동산을 처분한 금액을 해외로 가지고 가려면 어떤 절차가 있나요?

택스코디 해당 부동산의 관할 세무서장이 발급하는 부동산 매각자금 확인서를 외국환 은행장에게 제출해야 송금할 수 있습니다.

이 서류를 발급 신청하려면 등기부 등본, 건축물 관리대장 및 토지대장 각 1부, 실거래금액을 확인할 서류(매매계약서 및 관련 금융 자료 등)가 필요합니다.

국내 거주자가 해외로 이주하기 위해 금융기관에서 국내 화폐를 외화로 환전하면 자금 출처조사가 뒤따릅니다. 이는 환전 자금을 제삼자로부터 증여받았는지와 부동산 처분 관련 양도소득세 납부 여부를 확인하려는 목적입니다.

주거용, 업무용 오피스텔

세알못

공실인 오피스텔은 주택으로 보나요?

택스코디

양도일 현재 공실로 보유하는 오피스텔의 경우, 내부시설 및 구조 등을 주거용으로 사용할 수 있도록 변경하지 않고 건축법상 업무용으로 사용 승인된 형태를 유지하고 있으면 주택으로 보지 않습니다. 그러나 내부시설 및 구조 등을 주거용으로 변경해 언제든지 주거용으로 사용 가능하다면 주택으로 봅니다.

오피스텔을 양도할 때는 공부상 용도와 관계없이 실제로 사용한 용도에 따라 과세 여부를 판단하므로, 건물을 공부상 용도와 다르게 사용하고 있다면 나중에 이를 입증하기 위해서 내부시설이나 구조 변경과 관련된 자료를 챙겨두는 것이 좋습니다.

예를 들어 공부상으로는 업무용 건물이지만 실제 주택으로 사용했다면 그 사실을 입증하기 위해서 건물 내부의 모습을 촬영해두거나, 그 건물로 주민등록을 옮겨놓는 것이 방법이 됩니다.

오피스텔에 투자하려는 사람들이 많습니다. 오피스텔은 주거용으로 사용하면 조정대상지역에서 다주택자를 판단할 때 모두 주택 수에 포함됩니다. 그러므로 다른 주택을 매각할 때뿐만 아니라 해당 오피스텔을 매각할 때도 양도소득세 세율이 20~30% 가산되고 장기보유특별공제도 받을 수 없습니다.

종합부동산세에도 영향을 줍니다. 종합부동산세도 주택 수에 따라 기준금액 자체가 달라지기 때문입니다. 한 채를 단독명의로 가지고 있으면 종합부동산세 기준금액은 9억 원인데, 주택 한 채가 늘어나거나 공동명의가 되면 6억 원으로 줄어들게 됩니다. 종합부동산세 세액공제도 사라집니다.

정리하면 오피스텔이 주거용으로 구분되면 양도소득세, 종합부동산세가 늘어나게 됩니다.

그렇다면 업무용으로 오피스텔을 등록해야 하나요?
세알못

오피스텔을 업무용으로 사용하거나 업무용으로 임대하려면 일반과세
택스코디

자로 사업자등록을 해야 합니다. 사업자등록 후 실제로 업무용으로 사용하는 사람에게 임대하면 주택으로 보지 않습니다. 주택 수에서 빠진다는 말입니다.

그런데 형식만 그렇게 갖추고 주거용으로 임대한 뒤 세입자에게 주택으로 구분될 수 있으니 전입신고를 하지 말라고 합니다. 주택 수에 포함되지 않게 하려는 편법인데 걸리면 큰일 납니다. 만약 다른 주택을 매각해서 1가구 1주택으로 비과세 됐다면 2주택 중과세로 추징당할 수도 있습니다.

일반과세로 사업자등록을 하고 업무용으로 임대했는데, 세입자가 주거용으로 사용하다 걸려도 같은 문제가 발생하니 주의해야 합니다.

임차인으로는 반드시 업무용으로 사용할 사람을 찾아야 합니다. 임대차계약서에도 '절대 주거용으로 사용할 수 없을 것'과 '주거용으로 사용해서 문제가 될 때 그 모든 책임은 세입자가 진다'라는 부분을 명시해야 합니다.

양도소득세는 매매차익이 있어야 발생하는 세금입니다. 오피스텔을 몇 채 가지고 있더라도 매매차익이 없으면 양도소득세는 세금이 매겨지지 않습니다.

주거용 오피스텔이 있는데 일반 거주 주택을 매각한다면 양도 순서가 중요해집니다. 매매차익이 없는 오피스텔을 먼저 매각해서 주택 수를 줄이고, 현재 사는 주택을 매각해야 합니다.

정리하면 오피스텔을 살 계획이 있다면, 주거용이냐 업무용이냐를 처음부터 명확하게 해야 합니다. 계획 없이 산 오피스텔은 세금 폭탄이라는 부메랑이 돼 돌아올 수 있다는 점을 명심하세요.

명의신탁

　부동산 등기는 실소유자가 본인 명의로 하는 것이 원칙입니다. 그런데 투기나 탈세 등을 위해, 제삼자로 등기할 때가 있는데, 이를 명의신탁이라고 합니다.

　명의신탁에 해당하면 법적 효력을 무효로 합니다. 단, 채무 변제를 담보하기 위해 가등기를 하거나 신탁법 등에 의해 신탁재산인 사실을 등기할 때, 종종 이뤄지는 부동산의 명의신탁 또는 배우자 간의 명의신탁 등은 조세 포탈이나 강제집행 또는 법령상 제한을 피하기 위한 것이 아니라면 명의신탁에 해당하지 않기도 합니다.

　만약 부동산실명제를 어긴 사실이 밝혀지면 과징금 등이 부과됩니다. 과징금액은 부동산 금액의 30%까지 부과될 수 있습니다. 가령 부동산 거래 시 1천만 원의 세금을 피하려고 5억 원짜리 아파트를 명의신탁하면 무려 1억5천만 원의 과징금을 부과받을 수도 있습니다. 징역형까지 강도가 세지기도 합니다. 이런 이유로 명의신탁된 부동산이 '명의신탁되었다'라고 말할 수 없는 사정이 있는 것입니다.

부동산 자금 출처 세무조사(취득)

증여세가 나왔어요

서울에 거주하는 세알못 씨, 서울에 아파트를 사려는 자녀에게 구매 자금 중 3억 원을 지원해 주었습니다. 자녀 본인 소득과 대출금으로는 집값을 마련할 수 없었기 때문입니다. 그런데 2년 후 자녀에게 국세청으로부터 5천만 원이 넘는 세금을 내라며 연락이 왔다는 말을 전해 들었습니다. 2년 전 아파트 구매에 대해 자금 출처 조사가 진행돼, 최 씨가 지원해 준 3억 원에 증여세가 부과된 것입니다.

부동산은 거래금액이 고액이라서 증여가 의심될 때는 국세청으로부터 부동산 취득자금에 관해 자금 출처 세무조사를 받게 됩니다. 이때 자금 출처를 명확하게 제시하지 못하면 증여세를 내야 하므로 이에 대비해야 합니다.

세무서에서 직접 조사하는 건 아니고, 부동산을 취득한 자금이 어디서 조달된 것인지 서면으로 입증하면 됩니다.

부동산을 취득한 모든 사람을 조사하는 건 아닙니다. 세대주라면 30세 이상인 자는 1억5천만 원, 40세 이상인 자는 3억 원, 세대주가 아니라면 30세 이상인 자는 7천만 원, 40세 이상인 자는 1억 5,200만 원이라는 기준금액을 초과할 때 소명 자료 제출을 요구합니다.

소명 자료에는 어떤 것이 있나요?

세알못

자금 출처로 인정받아 제출할 수 있는 서류는 아래와 같습니다.

택스코디

---

① 소득세 납세증명서

② 융자나 남의 돈을 빌린 경우에는 부채증명서

③ 다른 재산을 처분했다면 매매계약서

소명 자료를 제출하라고 요구받았다면 15일 이내에 위 자료들을 내야 합니다. 이때 취득한 부동산 금액의 80%만 입증하면 증여세가 매겨지지 않습니다.

모든 부동산 거래에 일일이 자금 출처조사를 할 수 없으므로 세법에서는 자금 출처에 대해 나이별로 일정 금액 이하인 경우, 객관적으로 증여를 받았다는 사실이 없는 한 증여로 보지 않습니다.

예를 들어, 세대주이면서 30대인 창업자가 주택을 제외한 기타 재산을 취득하거나 채무를 상환했을 때 5천만 원까지는 증여로 보지 않습니다.

사업에 필요한 자금 중 임대보증금 등에 사용한 금액이 5천만 원 미만이면 객관적인 사실이 없는 한 증여로 보지 않습니다.

정리하면 증여추정배제 기준금액 이하라면, 자금 출처 세무조사가 나오지 않습니다. 기준금액은 아래 표와 같습니다.

증여추정배제 기준금액

구분	취득재산		채무상환
	주택	기타재산	
세대주인 경우 30세 이상인 자 40세 이상인 자	1억5천만 원 3억 원	5천만 원 1억 원	5천만 원

세대주가 아닌 경우 30세 이상인 자 40세 이상인 자	7천만 원 1억5,200만 원	5천만 원 1억 원	5천만 원
30세 미만인 자	5천만 원	5천만 원	5천만 원

※ 1999. 1. 1 이후 취득 또는 채무 상환하는 분부터 적용

위 표를 보면 주택의 경우 세대주로서 30세 이상인 자에 해당하면 주택은 1억5천만 원, 기타 재산과 채무가 각각 5천만 원까지는 이 조사와 관계가 없습니다.

이 기준은 재산취득자금 또는 채무상환자금이 재산취득일 또는 채무상환일 전 10년 이내에 재산취득자금 또는 채무상환자금의 합계액이 5천만 원 이상으로 국세청장이 정하도록 하고 있습니다.

자녀와 주고받은 차용증, 자금 출처 인정 여부(취득)

자금 출처조사는 과세 당국이 판단할 일이므로 증여추정배제 기준금액을 넘었다고 하더라도 조사를 100% 받는다고는 할 수 없습니다. 이유는 기준을 넘은 거래 건수가 어마어마한데 이들을 모두 획일적으로 조사한다는 것이 사실상 불가능하기 때문입니다. 그러므로 조사는 선별적으로 진행될 수밖에 없습니다.

세알못 선별적이라고 했는데 그 기준이 따로 있나요?

택스코디 미성년자가 취득할 때, 소득이 없는 경우 등은 조사 확률이 높아집니다.

자금 출처조사를 받게 되면 취득금액의 80%까지 출처를 입증해야 합니다. 입증 자료는 연봉, 사업소득, 상속이나 증여를 받은 재산으로 신고한 금액, 은행 담보 대출, 전세보증금 등이 있습니다.

여기서 전세보증금은 확실한 자금 출처로 인정되나 은행대출금은 문제가 될 수 있습니다. 만일 자녀가 소득이 없으면 대출금을 상환을 능력이 없으므로 이 부분이 자금 출처로 인정될 수 있는지 문제가 되기 때문입니다.

세알못 26세인 대학생 자녀에게 2억 원짜리 집을 사주었습니다. 이 집에는 전세보증금 1억2천만 원이 있고 대출을 5천만 원을 받았습니다. 실질적으로 자녀가 증여받은 금액은 증여세 비과세 한도인 5천만 원 이내인데, 만약 자금 출처조사가 진행되면 증여세가 부과될까요?

택스코디 관건은 대출금이 인정될 수 있는가입니다. 대출자는 소유자인 자녀

팔까 줄까 버틸까

명의로 돼 있기에, 대출금을 상환할 때 자녀가 갚은 것이 아니라는 것이 밝혀지면 증여세가 과세됩니다.

그런데 실무적으로 이 부분이 발각될지는 별개의 문제입니다.

자녀에게 받은 차용증도 자금 출처로 인정되나요?

세알못

택스코디

세법상 직계존비속 간 소비대차(당사자 일방이 금전이나 그 밖에 대체물을 받아 쓴 후 똑같은 물건을 돌려줄 것을 약속하면서 성립하는 계약)는 원칙적으로 인정하지 않습니다. 그러나 부모로부터 차입한 자금으로 재산을 취득하고 갚을 때, 그 사실이 채무 부담 계약서, 이자 지급 사실, 담보 제공 및 금융거래 내용 등에 의해 확인될 때는 증여세를 부과하지 않습니다.

계약이 실질적으로 된 경우라면 자금 출처로 인정된다고 볼 수 있습니다. 자금 출처조사를 대비할 목적으로 자녀에게 부동산 구매 자금을 빌려주었다면 차용증 등 기록을 남겨 놓아야 합니다. 차용증 작성은 아래처럼 하면 됩니다.

차용증

차용일 : 20　년　월　일

차용액 : 금 _____ 원 정 (₩_____)

1. 위 금액을 채무자가 채권자로부터 20___년___월___일 틀림없이 차용하였으며, 아래와 같이 이행할 것을 확약한다.

　　원금변제기일 : 20___년___월___일 / 이자율 : ___% / 이자 지급일 : 매월___일

2. 채무변제방법
　 원금과 이자는 지정 일자에 채권자의 주소지에 직접 지급하거나 아래의 예금 계좌로 송금해 변제한다.

　　은행 계좌번호 : _____ 예금주 : _____

3. 원금 및 이자의 변제를 지체할 경우 채무자는 월 %의 이자율에 의한 지연 손실금을 가산해서 지불해야 한다.

4. 다음 경우에는 최고 없이 당연히 기한의 이익을 상실하고 잔존 채무금 전부를 즉시 지급한다.

　　▪ 이자의 지급을 회 이상 지체할 때
　　▪ 채무자 및 연대보증인이 다른 채권자로부터 가압류 강제집행을 받거나 파산 신청을 받을 때
　　▪ 기타 이 약정 조항과 위반할 때

5. 위 채권을 담보하거나 추심에 필요한 비용은 채무자가 부담한다.

6. 위 채권에 관한 소는 채권자 주소지에서 한다.

　　20___년___월___일

　　채권자 주소 :
　　주민등록번호 :
　　연락처 :
　　성명 :

　　채무자 주소 :
　　주민등록번호 :
　　연락처 :
　　성명 :

과거 대법원 판례 등을 보면 차용증이나 이자 상환 등을 통해 객관적인 차용 사실이 확인되면 해당 금전 거래를 금전소비대차로 보아 증여가 아닌 대여 거래로 인정합니다. 이때 국세청은 자금이 완전히 상환될 때까지 실제 이자 상환이 이루어지는가를 불시에 추적 조사하기 때문에 증빙서류 등으로 기록을 남겨 놓아야 합니다.

토지 보상금을 받았는데
어떻게 처리할까요?

토지 보상금은 주로 공공기관 개발사업의 하나로 발생합니다. 이 보상금이 매우 크다 보니 보상금 사용처로 고민이 발생합니다. 그 이유는 돈과 세금이 바늘과 실의 관계이기 때문입니다.

일단 토지 보상금을 받으면 관련 자료가 국세청에 통보됩니다. 상시 감독 체계가 구축돼 보상금 수령자 및 가족의 부동산 거래 내역이 6개월 단위로 국세청에 통보됩니다.

토지 보상금을 받은 모두를 조사한다는 것은 현재의 세무행정상 불가능해 조사 대상자 중 일부를 선별할 수밖에 없습니다. 일단 보상 금액이 큰 사람이 1순위입니다.

가령 토지 보상금을 받은 사람이 100명인데, 1억부터 100억 원까지 각각 다르겠죠. 이 중 1명을 선정한다면 두말할 필요 없이 100억 원을 받은 사람입니다. 실무적으로 조사 기준금액은 10억 원 정도이지만 금액은 점점 낮아지고 전수조사 가능성도 있습니다.

조사 대상이더라도 보상금이 통장에 그대로 있는 경우에는 큰 문제가 없습니다. 그런데 보상금을 자녀 통장으로 이전하거나 자녀 명의로 부동산을 취득하면 문제가 발생합니다. 국세청에서 조금만 노력하면 증여 사실이 드러나기 때문입니다.

토지 보상금에 대한 사용처 조사를 해 증여한 사실이 밝혀지면 증여세 본세와 가산세를 추징합니다.

자녀 명의로 5억 원의 주택을 사주었고 증여 사실이 추후 발각되면 어느 정도의 세금이 발생하나요?

먼저 증여세를 계산해보면,

- 5억 원 - 5천만 원(증여공제) = 4억5천만 원
- 1억 원 × 10% + 3억5천만 원 × 20% = 8천만 원

증여세는 약 8천만 원 정도가 됩니다. 신고하지 않았기에 1,600만 원 (세액의 20%)의 무신고가산세가 부과됩니다.

납부 지연에 따른 가산세도 추가로 붙어 1억 원 이상이 세금으로 추징 됩니다.

어마어마하네요. 그렇다면 효과적인 절세법은 없을까요?

토지 보상금으로 부동산을 취득한다면 본인 명의로 하되, 여의치 않 다면 배우자 명의를 고려해보는 것도 좋은 방법입니다. 배우자에게 는 6억 원까지는 증여세가 비과세되기 때문입니다.

6월에 집을 팔면
세금 폭탄?

세알못

부동산을 거래할 때 소유권이 이전되는 시점은 언제로 보나요?

택스코디

대부분 부동산을 거래할 때는 계약금, 중도금, 잔금으로 대금을 나누

어 주고받는데, 세법에서는 원칙적으로 잔금을 주고받은 날을 소유권

이 이전된 날로 판단합니다.

세알못

잔금을 치르기 전에 소유권이전등기를 하면 어떻게 되나요?

택스코디

그럼 등기 접수일을 소유권이 이전된 날로 봅니다.

참고로 상속으로 발생한 소유권 이전 시기는 상속 개시일(피상속인의 사망일), 증여의 경우에는 증여계약일이 아닌 증여등기 접수일을 소유권 이전 시기로 봅니다.

재산세와 종합부동산세는 매년 6월 1일 현재 소유권이 있는 사람이 내야 하는 세금입니다.

취득 시기는 앞서 살펴본 바와 같이 통상 잔금 정산일과 등기일 중 빠른 날이 됩니다. 만약 세알못 씨가 6월 중에 소유한 집을 팔면, 재산세와 종합부동산세는 누가 부담해야 할까요?

답은 뻔합니다. 6월 1일 소유권이 있는 세알못 씨가 납세 의무를 지게 됩니다. 주택을 팔고 난 후 내는 세금에는 양도소득세뿐만 아니라 재산세와 종합부동산세도 있다고 염두에 두고 부동산 매매 시기를 결정해야 합니다.

6월 1일 전에 양도하는 것이 재산세와 종합부동산세를 피할 길입니다. 양도한다면 꼭 명심해야 할 절세 전략입니다.

신규 분양 아파트도 마찬가지인가요?

세알못

택스코디

신규 분양 아파트 역시 6월 1일을 기준으로 누가 소유권을 가지고 있는가에 따라 납세의무자가 달라집니다.

가령 입주 지정 기간 만료일이 6월 30일이고 잔금을 6월 15일에 지급했다면, 이 경우에는 시행사가 재산세를 내야 합니다.

그러나 5월에 잔금이 정산됐다면 계약자가 재산세를 내야 합니다. 만약 완공은 되었으나 잔금을 치르지 않은 상태가 오래갈 때는 전적으로 계약자가 재산세를 부담해야 합니다.

1세대 1주택인데, 양도소득세를 내라고요?

살면서 복잡한 세금 제도를 다 알기란 어렵습니다. 의식주 중 의복과 식료품에 붙는 세금은 기껏해야 부가가치세 정도입니다. 치러야 할 값에 이미 붙어 나와 일일이 계산할 필요도 없습니다.

그러나 주택은 다릅니다. 집을 사면 취득세, 살면 보유세, 빌려주면 임대소득세, 팔면 양도소득세, 물려주면 상속·증여세가 따라 붙습니다.

20차례 넘게 부동산 대책이 나왔고 세금 제도도 따라서 복잡해지다 보니, 전문가도 헷갈릴 정도라고 합니다. 세금을 내야 할 당사자가 각자도생 공부할 수밖에 없는 현실입니다.

생계를 같이하는 1세대가 국내에서 1주택을 2년 이상 보유한 후 양도할 때는 양도소득세가 과세되지 않는 게 원칙입니다. 그러나 2021년부터는 매매 당시 조정대상지역에 있는 주택이라면 보유기간 중 2년 이상을 거주해야 비과세됩니다.

이때 주택에 딸린 토지가 도시지역 안에 있으면 건물이 장착된 면적의 5배(도시지역 밖에 있으면 10배)까지 1세대 1주택 범위로 합니다.

그러나 1세대 1주택이더라도 고가 주택에 해당하면 양도소득세를 내야 합니다.

세알못

고가 주택의 기준은 어떻게 되나요?

택스코디

주택 및 그 부수토지의 양도 당시 실거래금액 합계액이 9억 원을 초과하면 고가 주택에 해당합니다.

세알못

매매계약서의 거래금액을 실거래금액과 다르게 적었을 때는 어떻게 되나요?

택스코디

2011년 7월 1일 이후 최초로 매매계약하는 분부터 매매계약서의 거래금액을 실거래금액과 다르게 적을 때는 양도소득세 비과세 규정을 적용하는 데 비과세할 세액에서 아래 1)과 2) 중에서 적은 금액을 뺀 세액만 비과세됩니다.

① 비과세를 적용하지 않은 경우의 산출세액
② 매매계약서의 거래금액과 실거래금액과의 차액

 서울에 아파트가 있습니다. 상속을 받아 2주택이 되었는데 비과세 처리는 어떻게 되나요?

 1주택을 소유한 1세대가 별도 세대인 피상속인으로부터 1주택을 상속받아 2주택을 보유한 상태에서 일반주택(상속 개시 당시 보유한 주택 또는 상속 개시 당시 보유한 조합원 입주권에 의해 사업시행 완료 후 취득한 신축주택만 해당)을 먼저 양도하면 상속주택(조합원 입주권을 상속받아 사업시행 완료 후 취득한 신축주택 포함)에 관계없이 1주택을 소유한 것으로 보아 비과세 여부를 판단합니다.

그러나 상속주택을 먼저 팔면 양도소득세가 과세됩니다.

2010년 2월 18일 이후부터는 동거봉양(함께 살면서 부양)을 위해 세대를 합치면서 2주택을 보유하게 되면 합치기 이전부터 보유하고 있던 주택은 상속주택으로 봅니다.

또 1세대 1주택이더라도 미등기로 양도하면 양도소득세를 내야
합니다.

상시 주거용이 아닌 콘도미니엄은 주택으로 보지 않기 때문에
언제 팔더라도 양도소득세를 내야 합니다.

**10년 동안 거주했고, 양도가액 20억 원, 취득가(필요경비 포함) 2억
원, 1세대 1주택자입니다. 양도소득세는 얼마나 나올까요?**

고가 주택에 대한 세금 계산은 어떻게 되는지 아래 표를 통해 살펴
볼까요.

구분	금액	비고
양도가액	20억 원	
취득가액(필요경비)	2억 원	
= 양도차익	18억 원	
비과세양도차익		
= 과세양도차익	9억9천만 원	아래 계산법 참고
장기보유특별공제	7억9,200만 원	

= 양도소득 금액	1억9,800만 원	
기본공제	250만 원	
= 과세표준	1억9,550만 원	
× 세율	38%	누진공제 1,940만 원
= 산출세액	5,489만 원	

1세대 1주택자는 양도하는 주택이 9억 원을 초과하면 양도차익에서 다시 과세되는 양도차익을 계산해야 합니다. 이를 안분해서 계산한다는 표현을 씁니다. 과세양도차익은 아래처럼 구합니다.

과세양도차익 = 양도차익 − 비과세양도차익

비과세양도차익 = 양도차익 - {양도차익 × (양도금액 - 9억 원) / 양도금액}

세알못 씨의 과세양도차익은 9억9,000만 원입니다(18억 원 × (양도가액 20억 원 - 9억 원) / 양도가액 20억 원).

고가 주택을 양도하면서 18억 원의 차익이 발생했으나, 고가 주택 양도차익을 안분계산하여 8억1,000만 원, 장기보유특별공제 7억9,200만 원 등 총 16억200만 원에 해당하는 과세표준이 줄어들었습니다.

그런데 세알못 씨가 똑같은 주택을 2021년에 팔면 세금 액수가 달라집니다. 앞서 설명한 것처럼 2021년부터 장기보유특별공제율이 달라지는 탓입니다.

1주택자에 대한 24~80% 장기보유특별공제율이 너무 크다는 지적에 2021년부터는 장기보유특별공제율이 보유 기간과 거주기간별로 최대 40%씩 각각 적용하는 방법으로 변경돼 10년 거주를 해야 80%를 적용합니다. (89쪽 참조)

주택거래신고제도

주택거래신고제란 특정 지역에서 일정액 이상의 주택을 사는 경우, 사전에 자금조달계획과 입주 여부를 반드시 시·군·구청에 신고하도록 하는 제도를 말합니다. 신고는 매매계약일로부터 15일 이내에 해야 합니다.

부동산시장이 과열되면 언제라도 이 제도를 시행할 수 있으므로 알아둬야 합니다.

주택거래신고제는 모든 부동산에 적용되는 실거래가 신고 제도와 유사해 보이지만, 자금조달계획서를 제출하는 점에서 주택거래신고제가 훨씬 더 규제가 심하다고 할 수 있습니다.

자금조달계획서에는 금융기관 예금액, 부동산 매도액, 주식/채권 매각 대금, 현금 등 집을 사기 위해 들어간 자기 자금과 주택담보대출비율(LTV, Loan To Value ratio)과 총부채상환비율(DTI, Debit-To-Income) 한도 내의 대출금, 사채 금액 등을 기재해야 합니다.

LTV는 쉽게 설명하면 주택 가격의 몇 %까지 대출을 허용하겠다는 말입니다. 가령 LTV가 60%라면 시가 1억 원짜리를 은행에 담보를 제공하면 최대 6천만 원을 대출받을 수 있게 됩니다.

DTI는 주택담보대출의 연간 원리금 상환액과 기타 부채의 연간 이자 상환액의 합계액을 총소득으로 나눈 비율입니다. 이 제도는 LTV를 보강하는 것으로서 소득과 대출 기간에 따라 대출금이 결정됩니다.

예를 들어 연간 원리금 상환액이 3천만 원이고 연봉이 5천만 원이라면 DTI는 60%에 해당합니다. 다시 말해 연 소득이 5천만 원인 경우, 연간 3천만 원 범위 안에서 대출금이 결정된다고 이해하면 됩니다.

DTI 제도는 정부가 부동산을 규제하는 강력한 수단이 되고 있습니다. 정부는 이를 강화하거나 완화하는 식으로 부동산시장에 개입하고 있습니다.

주택임대소득
전면 과세

비과세하는 주택 수

부동산 세금 용어도 친숙하지 않은데, 변하는 내용도 있으니 머리가 지끈지끈할 수 있습니다. 하지만 조금만 관심을 기울이면 그렇게 어렵지는 않으니 조금만 더 인내심을 가지고 살펴볼까요.

그동안 비과세되었던 수입금액 2천만 원 이하의 주택임대소득에 대한 과세가 2020년부터 시작됐습니다.

그러므로 2019년 이후에 발생한 주택임대소득은 금액과 상관없이 모두 과세했을 것이고, 그 결과를 매년 5월에 신고하고 내야 합니다.

제 소유의 9억 원 이하 1주택, 아내 명의로 된 9억 원 이하 1주택으로 임대업을 하는 50대 남성입니다. 2020년부터 주택임대소득에 전면 과세가 시행됐다는데, 그럼 주택임대업자는 무조건 세금을 내야하나요?

주택임대소득이란 주택을 임대(월세 또는 전세)해서 발생한 수입을 말합니다. 2020년부터 주택임대소득(2019년 귀속), 즉 월세와 전세 보증금의 간주임대료 소득 신고가 시행됩니다. 그러나 일부 주택임대소득에는 소득세를 부과하지 않기로 했습니다.

먼저 소유 주택 수를 알아야 합니다.

- 다가구주택은 1채의 주택으로 봅니다. 그런데 따로 등기한 경우(구분 등기)는 각각을 1채의 주택으로 계산합니다.

- 공동소유 주택은 가장 큰 지분을 가진 사람을 소유자로 계산합니다.

세알못 씨처럼 본인과 배우자가 각각 주택을 소유했다면 이를 합산합니다. 그러므로 총 2채로 계산됩니다.
그럼 어떤 경우에 비과세 대상에 해당하는지 살펴보죠.

- 1채의 주택을 소유하는 자의 주택임대소득 - 부부 합산해서 기준시가 9억 원 이하의 국내 주택 1채만 있으면 비과세됩니다. 다만 소득세법 제99조에 따라 기준시가가 9억 원을 초과하는 주택 및 국외에 소재하는 주택의 임대소득은 과세됩니다.

  세알못 씨는 부부 합산 2채를 소유하였기에 과세 대상입니다.

- 보유 주택이 2채이면서 월세 없이 보증금만 받는다면(2주택 보유자가 월세 없이 보증금만 받는 경우) 소득세는 비과세됩니다.

  3주택자는 보증금만 받더라도 간주임대료를 과세합니다. 그러나 간주임대료 과세 대상에 해당하지 않을 때도 있습니다. 국민의 주거생활 안정을 위한 민간 임대주택 공급의 활성화를 위해 2021년 12월 31일까지 소형 주택의 보증금은 간주임대료 과세주택에서 제외됩니다.

소형 주택의 기준은 어떻게 되나요?
세알못

전용면적이 40㎡ 이하이고 기준시가 2억 원 이하라면 소형 주택이라고 합니다.
택스코디

소형 주택이 보증금 과세 대상 주택에서 제외된다는 말은 3주택 이상 보유자가 소형 주택을 포함하고 있으면 그 소형 주택의 보증금은 간주임대료 과세 대상에 포함하지 않는다는 말입니다. 소형 주택을 보유 주택 수에서 제외한다는 뜻이 아니라는 점에 주의해야 합니다.

세알못

그런데 1채라도 월세를 받으면 세금을 낸다고 하던데, 뭐가 맞는 건지요?

택스코디

반은 맞고, 반은 틀린 말입니다. 부부 합산 주택 수가 1채이더라도 해당 주택이 기준시가 9억 원을 초과하는 고가 주택이거나 해외에 있는 주택이라면 월세에만 과세합니다. 이 경우에도 보증금에 대해서는 비과세이므로, 만약 전세를 놓았다면 과세하지 않습니다.

세알못

그렇다면 기준시가 9억 원이 넘는 고가 주택 하나에는 전세를 받고, 나머지 하나는 실거주를 하면 세금이 나오나요?

택스코디

위에서 얘기한 대로 부부 합산 주택 수가 2주택이면 월세만 과세하기에, 고가 주택이더라도 비과세 대상입니다.

부모님 2채, 미혼 자녀 1채인 경우에 미혼자녀 명의의 주택임대소득
에 세금이 부과되나요?

세알못

과세는 부부 합산 주택 수에 따라 결정됩니다. 따라서 미혼 자녀는
부부 합산 주택 수에서 분리돼 1채만 가지고 있는 것으로 보니 비과
세입니다. 그런데 해당 자녀 주택을 양도할 때는 1세대 3주택 기준이
므로 양도소득세는 다른 결과가 나옵니다.

택스코디

비과세는 신고하지 않아도 되는 건가요?

세알못

비과세란 과세 당국이 과세권을 포기한 것으로, 과세 대상 자체가 발
생하지 않은 것입니다. 그러기에 신고할 것도 없으며 그에 따른 의무
도 없습니다.

택스코디

과세 대상자는 어떻게 신고하나요?

세알못

주택임대소득이 연간 2천만 원 이하면 분리과세 또는 종합과세를 선
택할 수 있습니다. 2천만 원을 초과할 때 종합과세 대상이 됩니다.

택스코디

2천만 원은 비용을 뺀 금액을 말하는 건가요?

비용을 빼기 전 금액입니다.

주택임대소득만 2천만 원 이하면 세금이 얼마나 나오나요?

분리과세를 적용한다면, 해당 소득에만 분리과세 세율을 적용하고
종결되므로 계산법은 단순합니다. 예를 들어, 수입금액이 2천만 원,
등록한 임대주택이고 다른 소득이 없다면 아래와 같이 계산됩니다.

- {수입금액 - 필요경비(수입금액의 60%) - 400만 원(기본공제)} × 15.4%(지
  방소득세 10% 포함) = (2천만 원 - 1,200만 원 - 400만 원) × 15.4% =
  616,000원

총수입금액 2천만 원 이하자 분리과세 선택 시
필요경비 및 기본공제

구분		세무서와 지방자치단체 모두 등록	이외의 경우
혜택	필요경비율	60%	50%
	기본공제	400만 원	200만 원
요건		아래 요건 모두 충족 • 세무서와 지방자치단체 모두 등록 • 임대보증금, 임대료의 연 증가율이 5% 초과하지 않을 것	

주택임대사업자 등록을 안 했어도 세금 신고를 해야 하나요?

세알못

등록 여부와 상관없이 소득이 발생했다면 신고해야 합니다.

택스코디

　사업자등록은 민간임대주택에 관한 특별법에 따른 임대사업자 등록과 소득세법에 따른 사업자등록이 있습니다.

　현재는 소득세법상 사업자등록만 의무사항입니다. 소득세법상 사업자등록을 하지 않을 때는 수입금액에 0.2%의 가산세가 부과됩니다.

주택임대소득 관련해서 가장 많이 물어보고 놓치는 부분을 정리해봤습니다. 본인 상황에 따라 납세 의무가 발생하면 성실히 이행해야 하고, 반대로 해당 주택을 매각해야 한다면 상황에 따라 임대사업자 등록은 안 해도 될 것입니다.

주택임대소득은 사업소득

주택임대사업은 관할 세무서에 사업자등록을 해야 합니다. 2020년부터는 사업 개시일부터 20일 이내에 사업자등록을 신청하지 않으면 가산세(수입금액의 0.2%)가 부과됩니다.

사업자등록은 임대주택의 소재지를 사업장으로 해야 합니다. '민간임대주택에 대한 특별법' 제5조에 따라 지방자치 단체장에게 임대사업자로 등록한 사업자는 그 등록한 주소지를 사업장으로 해 관할 세무서장에게 사업자등록을 신청할 수 있습니다.

사업자등록 신청 시에는 임대사업자등록증 사본과 임대주택명세서를 함께 제출해야 합니다. 사업자등록은 국세청 홈택스 및 렌트홈으로도 할 수 있습니다.

주택임대소득은 사업소득으로서 원칙적으로 종합소득세 과세 대상입니다. 그러나 국민의 주거생활 안정을 위해 일부 주택임대소득에 소득세를 매기지 않는데 아래와 같습니다.

- 1주택을 소유하는 자의 주택임대소득 – 단, 과세기간 종료일 또는 해당 주택의 양도일 기준으로 소득세법 제99조에 따른 기준시가가 9억 원을 초과하는 주택 및 국외에 소재하는 주택의 임대소득은 과세됩니다.

- 총수입금액의 합계액이 2천만 원 이하인 자의 주택임대소득(2018년 12월 31일 이전에 끝나는 과세기간까지 발생하는 소득으로 한정) - 2019년 1월 1일 이후 발생분에는 분리과세를 선택할 수 있습니다.

거주 주택을 제외하고 다른 주택으로 임대소득이 발생할 때, 소득세법상 사업자등록이 의무화됐습니다.

주택임대 소득자가 소득세법에 따라 사업자등록을 하지 않을 경우, 2020년부터는 주택임대 수입금액의 0.2%에 해당하는 금액이 미등록가산세로 부과됩니다.

이에 국세청에서는 이를 인지하지 못해 발생하는 가산세 납부 등 불이익을 최소화하기 위해 사업자등록 안내문 및 관련 보도자료를 내놓고 있습니다.

국세청은 매년 주택임대 소득자에게 소득세 신고 전에 이를 성실히 신고하도록 안내하며, 신고 후에는 이를 검증한다고 합니다.

특히 고가 주택, 다주택자라면 더 적극적으로 검증할 것이라는 방침을 세우고 있습니다.

그러므로 연간 월세 수입금액이 고액이거나, 고가 주택이 있는 경우, 외국인을 상대로 임대하거나 다주택자로서 연간 수입금액이 고액일 때는 더욱 주의해야 합니다.

종합소득세 신고는 매년 5월 31일까지입니다. 한 번 더 강조하면, 연간 주택임대소득 수입금액이 2천만 원 이하라면 분리과세와 종합과세를 선택할 수 있습니다.

국세청은 홈택스에서 분리과세 전용 신고 화면, 종합 및 분리과세 예상 세액 비교, 보유 주택 현황자료 등을 제공할 예정이라고 합니다.

이유는 그동안 2천만 원 이하의 주택임대 소득에는 비과세를 적용해왔기 때문에 세금 신고 경험이 없는 주택임대 소득자가 쉽고 간편하게 신고할 수 있도록 하기 위해서입니다.

보유 주택 수가 중요하다

열심히 일해 드디어 집을 한 채 장만했습니다. 그런데 부수입을 얻기

세알못

위해 집은 월 100만 원에 월세 주고, 당분간 50만 원짜리 월세를 얻어 살기로 했습니다. 소득세는 얼마나 나올까요?

받은 월세에서 세알못 씨가 내는 월세를 제하고 매월 50만 원의 소득이 생기기는 하지만, 이에 대한 소득세는 내지 않아도 됩니다. 이유는 부부 합산 1주택이기 때문입니다.

그런데 시간이 흘러 돈을 좀 더 모아 집을 하나 더 매입하고, 그 집을 3억5천만 원에 전세를 줬다면, 소득세는 어떻게 될까요?

전세는 2주택까지는 비과세이기 때문에 전세에 대한 소득세는 내지 않아도 되지만, 월세 100만 원에 대한 소득세는 내야 합니다. 그때까지 여전히 월세로 살고 있더라도 2주택자에 해당하기 때문입니다.

월세가 월 100만 원으로 1년간 총 1,200만 원이므로, 2018년까지는 2천만 원 이하는 비과세라는 정책에 따라 임대소득세는 발생하지 않았습니다. 그러나 2019년부터는 2천만 원 이하라도 분리과세나 종합과세를 선택해 신고해야 합니다.

또다시 시간이 흘러 집을 하나 더 사고, 이번에는 자신들이 거주하게 되었다고 가정해보겠습니다. 이때 소득세는 어떻게 될까요?

이때부터는 3주택자에 해당하므로 월세뿐 아니라 전세보증금에 대한 소득세도 내야 합니다.

상가와 달리 주택은 보증금 전체에 소득세를 부과하지 않고 3억 원을 넘는 금액 중 60%에 대해서만 부과합니다. 이때 주택 수 자체는 부부가 보유한 주택을 합산합니다.

그러나 소득세를 계산할 때는 부부 각자가 따로 해야 합니다. 차 감하는 보증금 3억 원 역시 부부 각각 나눠서 차감합니다. 부부 공동명의로 돼 있는 경우에도 별도의 사업장으로 간주해 3억 원 을 따로 공제합니다. 공동사업장을 기준으로 임대 수입금액을 계산해 각각의 지분비율대로 분배하는 것입니다. 간주임대료 대상 주택이 2채 이상일 때는 3억 원의 공제 순서는 보증금 액수가 가장 큰 주택부터 합니다.

그러므로 과세 대상은 3억5천만 원의 전세보증금 중에서 3억 원을 초과한 5천만 원에 다시 60%를 적용한 3천만 원입니다. 3천만 원에 간주임대료율 2.1%(세무 당국이 매년 고시하는 이율로 2019년 귀속 이율은 2.1%)를 곱하면 약 63만 원이 나옵니다. 여기에 월세 1,200만 원을 합하면 임대 수입금액은 연 1,263만 원이 됩니다.

앞으로 집의 개수가 늘어나고 전세나 월세를 놓는 집이 많아지

면 그에 대한 소득세도 더욱 많아질 것입니다. 참고로 2021년까지
는 기준시가 2억 원이면서 전용면적이 $40m^2$ 이하인 주택은 전세보
증금에 과세가 유예됩니다.

국민의 주거생활 안정을 위한 민간임대주택 공급의 활성화를 위
해 일정 요건을 충족한 소형 주택 임대소득에 대해 세액 감면 혜
택을 적용합니다.

임대사업에 관한 사항을 정리하면 다음과 같습니다.

(1) 임대사업자 요건(내국인으로서 아래의 요건을 충족해야 합니다)

- 소득세법 제168조 또는 법인세법 제11조에 따른 사업자등록을 해야 합니다.
- 민간임대주택법 제5조에 따른 임대사업자등록을 했거나 공공주택 특별법 제
  4조에 따른 공공주택사업자로 지정돼야 합니다.

(2) 임대주택 요건

내국인이 임대주택으로 등록한 민간임대주택법에 관한 특별법
및 공공주택 특별법에 따른 건설임대주택, 매입임대주택, 공공지원
민간임대주택 또는 장기일반민간임대주택으로서 아래의 요건을
모두 충족해야 합니다.

- 주택법 제2조 제6호에 따른 국민주택규모의 주택과 5배 이내의 부수토지(도

시지역 밖의 경우 10배 이내)

- 주택 및 부수되는 토지의 기준시가의 합계액이 해당 주택의 임대개시일 당시 6억 원을 초과하지 아니할 것
- 임대보증금 또는 임대료의 연 증가율이 5/100를 초과하지 않을 것

(3) 임대주택 수 및 임대 기간 요건

1호 이상의 임대주택을 4년 이상(민간임대주택에 관한 특별법 제2조 제4호에 따른 공공지원 민간임대주택 또는 같은 조 제5호에 따른 장기일반민간임대주택의 경우에는 5년 이상) 임대해야 합니다.

(4) 감면 내용

2019년 12월 31일 이전에 끝나는 과세 연도까지 해당 주택임대 사업에서 발생한 소득에 대한 소득세의 30/100(장기일반민간임대 주택 등의 경우에는 75/100)에 상당하는 세액을 감면합니다.

임대소득세 계산 비교(총수입금액 2천만 원, 분리과세 선택)

구분	세무서와 지방자치단체 모두 등록		이외의 경우
	장기(8년 이상)	단기(4년 이상)	
총수입금액 - 필요경비 - 기본공제	2,000만 원 1,200만 원(60%) 400만 원	2,000만 원 1,200만 원(60%) 400만 원	2,000만 원 1,000만 원(50%) 200만 원
= 과세표준 × 세율	400만 원 14%	400만 원 14%	800만 원 14%
= 산출세액 - 세액 감면	56만 원 42만 원(75%)	56만 원 168,000원(30%)	112만 원 0원
= 결정세액	14만 원	392,000원	112만 원

소득세를 감면받은 후 감면 요건을 충족하지 못한 경우에는 아래의 세액에 이자 상당액을 가산해 내야 합니다.

- **4년 미만 임대한 경우** - 감면받은 세액의 전부
- **장기일반민간임대주택 등을 8년 미만 임대한 경우** - 감면받은 세액의 60%

소득세 무신고, 기한 후 산고, 부정 과소 신고 등의 경우에는 세액 감면을 적용하지 않습니다.

전세보증금 과세 대상이 아닌 소형 주택

전세를 놓을 때 임대소득세는 부부 합산 2주택까지는 비과세이고, 3주택 이상부터 과세됩니다. 이때에도 3억 원을 초과한 전세금만 과세합니다.

참고로 2019년부터는 전세보증금에 소득세를 매길 때 $40m^2$ 이하이면서 기준시가 2억 원 이하인 소형 주택은 주택 수에 포함되지 않습니다. 그러므로 소형 주택이 열 채가 있든 백 채가 있든 소득세 대상이 아닙니다.

소형 주택의 기준시가는 취득 당시가 아닌 과세 연도의 최종공시된 가격을 기준으로 하므로 매년 고시되는 주택공시가격에 관심을 둬야 합니다.

다가구주택은 다른 세목과 달리 각 호 면적 기준이 아닌 전체 면적을 기준으로 소형 주택 여부를 판단하므로 소형 주택에 포함되기가 어렵습니다.

청약 규제

분양권 전매 금지

정부가 부동산 투기를 차단하려고 새로운 칼을 빼 들었습니다. 수도권과 광역시의 민간택지 주택 분양권 전매를 등기 완료 때까지 금지하고, 최근 늘어나는 투기 목적의 법인 주택 거래 등을 특별조사하겠다는 겁니다.

국토교통부는 주택법 시행령을 개정해 2020년 8월부터 수도권과 광역시 민간택지 공급 주택의 분양권은 물론 과밀억제권역과 성장관리권역의 주택도 소유권 이전 등기를 마칠 때까지 전매가 금지됩니다.

과밀억제권역은 인구, 건물, 산업 등이 특정한 곳에 지나치게 집중되는 것을 억제하기 위해 정부가 지정한 권역으로 비규제지역인 인천시(경제자유구역 등 일부 지역 제외), 경기 의정부시, 부천시, 시흥시 등이 들어 있습니다.

　　성장관리권역은 과밀억제권역에서 이전하는 인구와 산업을 계획적으로 유치하기 위해 지정하는 지역으로 경기 동두천시, 파주시, 오산시, 포천시, 화성시, 양주시, 연천군 등 수도권 외곽 도시가 대거 포진해 있습니다. 기존 규제지역에 이들 구역까지 포함하면, 사실상 수도권 내 거의 모든 민간택지에서 전매가 금지되는 셈입니다.

　　지방 광역시 분양권 전매제한 등 정부가 집값 안정을 위해 내놓은 정책들이 2020년 6월 말부터 차례로 시행됐습니다.

　　2020년 하반기에 다주택자 양도세 중과 면제가 종료되고 민간택지 분양가 상한제 등이 시행됩니다. 따라서 2020년 7월부터는 다주택자가 10년 이상 장기보유한 주택을 매각할 때 양도세 중과 면제 혜택을 받을 수 없게 됩니다.

　　현행 세법은 조정대상지역에서 2주택자가 집을 매각할 때는 기본세율(6~45%)에 최고 20%(종전에는 10%)의 중과세가 적용됩니다. 3주택자의 양도세율은 최대 75%(30% 중과 적용, 2021년부터는 과세표준 10억 원 초과 시 45% 세율 적용)가 됩니다.

정리하면 2020년 8월부터는 규제지역이 아닌 수도권과 광역시 대부분 지역에서 공급되는 주택의 분양권 전매가 금지됩니다. 서울 등 투기과열지구와 조정대상지역에서만 제한한 것을 수도권 대부분 지역과 지방 광역시까지 확대합니다. 그러므로 이들 지역에서는 분양권 전매제한 기간이 현행 6개월에서 입주 시점까지로 연장됩니다.

전매를 노린 투기 수요로 청약시장이 과열되는 것을 막으려는 조치입니다.

자금조달계획서

부동산 거래 신고 등에 관한 법률 시행령 일부 개정안이 통과되면서 2020년 3월 13일부터 전국의 6억 원 이상 주택 구매 계약 때는 의무적으로 자금조달계획서를 제출해야 합니다. 특히 투기과열지구 내에서 9억 원이 넘는 집을 사면 이에 따른 객관적 증빙서류도 첨부해야 합니다.

이번 시행령 개정은 2019년 〈12·16 부동산 대책〉의 마지막 후속 조치입니다. 기존 투기과열지구 내 3억 원 이상 주택으로 한정됐던 자금조달계획서 제출대상을 조정대상지역 3억 원 이상, 전국 6억 원 이상 주택까지 포함하는 것이 주요 내용입니다.

국토부는 부동산시장 불법행위대응반을 13일부터 즉시 자금조달계획서 수사에 투입하기로 했습니다. 특히 인천과 경기 남부 일대 과열 우려 지역에 대한 고강도 기획조사를 시행합니다.

 시행 이전 주택매매 계약도 적용대상인가요?

 2020년 3월 13일 전에 체결된 계약에는 적용되지 않습니다. 단 회피 목적으로 계약일 등을 거짓 신고해 적발되면 취득금액의 2%를 과태료로 물어야 합니다. 또 증빙자료를 제출하지 않으면 500만 원의 과태료가 부과됩니다.

 자금조달계획서와 증빙자료 제출 절차는 어떻게 되나요?

 공인중개사가 실거래 신고서를 제출할 때 계획서와 증빙자료를 일괄 제출해야 합니다. 매수인이 따로 제출할 수도 있습니다. 관할관청에 직접 방문하거나 인터넷으로도 가능합니다.

 자금조달계획서에 강화된 규정이 있나요?

지금까지는 증여, 상속이나 현금 조달 등 방법만 기재하면 충분했지만, 앞으로는 구체적 조달 과정을 밝혀야 합니다. 증여·상속이라면 자금 제공자와 금액을 모두 적어야 합니다. 계좌이체, 보증금·대출 승계, 현금 지급 등 대금 지급 방식도 구체적으로 적어야 합니다. 만일 현금 지급이라면 구체적인 사유도 함께 써내야 합니다.

투기과열지구 내 9억 원 초과 주택 매입 시 내는 증빙자료는 어떤 걸 말하나요?

예금의 경우 예금잔액증명서를 증여·상속은 증여·상속세 신고서 등을 제출해야 합니다. 회사지원금이나 사채의 경우 금전 차용을 증빙할 수 있는 서류 제출이 의무화됩니다. 보유 주식을 팔아서 매입대금을 충당할 때는 주식거래내역서도 첨부해야 합니다.

이런 증빙자료는 계획서에 해당 방식으로 자금을 조달하겠다고 표시한 항목에 대해서만 제출하면 됩니다.

불법행위대응반

2020년 2월 21일 국토교통부는 '부동산시장 불법행위대응반'을 공식 출범했습니다. 불법행위대응반은 분양권 불법 전매, 집값 담합, 편법 증여 등 각종 부동산 불법행위를 직접 조사·수사하는 상설조직입니다. 이들은 첫 활동으로 집값 담합 조사에 나선다고 합니다.

국토부 토지정책관이 대응반장을 맡고, 산하 국토부 소속 부동산 특별 사법경찰 7명과 검찰, 경찰, 국세청, 금융감독원, 한국감정원에서 파견된 직원 등 15명으로 구성합니다. 대응반은 부동산 실거래 자금조달계획서 분석, 부동산시장 범죄행위 수사, 부동산 관련 불법행위 정보 수집 분석 등의 업무를 수행합니다.

공인중개사법 개정에 따라 집값 담합은 형사처벌 대상이 됐습니다. 특정가격 아래로 거래하는 것을 막거나, 비싸게 팔아주는 중개업소로 거래를 유도하는 등의 행위 등이 모두 형사처벌 대상입니다. 적발 시 3년 이하 징역에 처하거나 3천만 원 이하의 벌금을 부과합니다.

편법 증여 등 자금 출처에 대한 조사도 강화돼 9억 원 이상 고가 주택에 대해선 대응반이 전담하고, 조사지역도 투기과열지구 전부로, 점차 전국으로 확대됩니다.

4.

부동산
세금 절세
원칙

세금을 설계하라

세금 공부는 실전에서 제대로 활용하지 못하면 무용지물입니다. 비과세와 감면을 구분하지 못하고 비과세 요건을 잘못 이해해 잘못된 투자 결정을 내리는 경우도 많습니다.

세알못

비과세와 감면의 차이점이 무엇인가요?

택스코디

비과세는 국가나 지방자치단체에 과세권이 없어 세금 자체가 발생하지 않음을 말합니다. 그러므로 비과세 판정을 받으면 세금을 신고하거나 납부하지 않아도 됩니다. 만약 판정이 모호할 때는 정식으로 신고서를 제출하는 편이 좋습니다.

비과세의 대표적인 예로 전용면적 40㎡ 이하이면서 취득금액이 1억 원 이하인 서민주택의 취득세가 있습니다. 또 1세대 1주택자의 양도소득세도 비과세가 됩니다.

증여세와 상속세에는 공제 제도가 있어서 공제 범위 내에서 자산이 무상으로 이전되더라도 사실상 비과세 혜택을 받을 수 있습니다. 이외에 금융 상품에도 비과세 상품들이 있습니다.

세금은 정상적으로 계산됐지만 조세 정책 목적으로 세금 전부나, 일부를 빼 주는 것을 감면이라고 합니다. 감면을 받기 위해선 감면 요건을 충족해야 하고 기한 내 신고하고 감면 신청을 해야 합니다.

경기 활성화나 서민의 부담을 덜어 주기 위해 주택을 살 때 취득세가 한시적으로 감면되기도 합니다. 미분양주택을 산 뒤 양도하더라도 양도소득세가 감면되기도 합니다.

감면은 납세자가 적극적으로 나서서 감면 요건을 확인해야 혜택을 받을 수 있다는 점에 유의해야 합니다.

취득하는 주택이 생애 최초의 내 집이라면 취득세 감면 혜택을 받을 수 있습니다. 생애 최초 취득주택 취득세 감면제도가 2020년 8월 12일부터 새로 생겼기 때문입니다.

2020년 8월 12일 이후 생애 최초 취득주택이 1억5천만 원 이하의 주택이면 취득세가 전액 면제되며, 3억 원(수도권은 4억 원) 이하 주택은 취득세를 절반만 내면 됩니다.

생애 최초 주택 구입에 대한 취득세 감면 혜택은 나이나 혼인 여부와 무관하게 적용받을 수 있습니다. 감면 대상은 취득자와 배우자의 소득이 각각 7,000만 원 이하이면 되고, 주민등록부에 포함된 세대원 모두가 주택을 보유했던 이력이 없어야 합니다.

집을 사거나 팔 때, 재산을 상속하거나 받을 때는 사전에 치밀한 계획을 세우고 실행할 필요가 있습니다. 세금 설계란 먼저 알고 사전에 준비하는 일입니다.

예를 들어 2주택을 보유하고 있다면 먼저 비과세나 감면 등이 있는가를 확인하고, 이러한 혜택이 없으면 둘 중 세금이 적은 것을 먼저 양도하는 식으로 계획을 세워야 합니다.

세금을 설계하지 않고 양도하면 앞으로는 남아 보이지만 뒤로는 밑질 수가 있습니다. 부동산 세금에서 가장 중요한 절세법은 사업자처럼 영수증을 모아 세금을 줄이는 것이 아니라 사전에 세금 설계를 잘하는 것이 아닐까요?

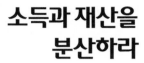

소득과 재산을
분산하라

**누진세율의 개념은 이해했습니다. 그럼 소득이나 재산을 최대한 쪼
갠다면 절세할 수 있지 않을까요?**

네, 그렇습니다. 소득과 재산을 분산시킬수록 세금은 줄어듭니다. 물
론 합법적인 범위 안에서 그렇게 해야 합니다. 결국, 세금은 늘 강조
하듯이 알면 알수록 줄어들게 되는 것입니다. 아래 예를 한번 살펴볼
까요.

A 씨는 높은 상속세를 피하고자 미리 재산을 나눠 주려고 합니

다. 1명의 자녀에게 증여할 때와 3명의 자녀에게 나눠 증여할 때 절세 효과를 계산해보겠습니다.

증여할 금액은 3억 원이고, 자녀 3명이 모두 성년이라 가정해 증여재산공제는 각각 5천만 원을 적용합니다.

증여세 세율은 과세표준이 1억 원까지 10%, 1~5억 원까지는 20%의 누진세율이 적용됩니다.

계산 편의상 증여세액공제는 없다는 가정 아래 계산해보겠습니다. 참고로 증여일이 속하는 달의 말일로부터 3개월 안에 신고했을 때 증여세액이 10% 공제됩니다.

자녀 1명에게 증여할 때

- **과세표준** = 3억 원 - 5천만 원(증여공제) = 2억5천만 원
- **산출세액** = 1억 원 × 10% + 1억5천만 원(2억5천만 원 - 1억 원) × 20% = 4천만 원

자녀 3명에게 증여할 때

- **1인당 과세표준** = 1억 원 - 5천만 원(증여공제) = 5천만 원
- **산출세액** = 5천만 원 × 10% = 5백만 원
- **총 산출세액** = 5백만 원 × 3명 = 1천5백만 원

위 사례처럼 여러 사람에게 분산해서 증여하면 증여재산 공제

와 누진세율 효과로 세금이 줄어듭니다. 실무적으로 부부가 공동 명의로 등기하거나 세대 분리를 활용해 자산을 취득하면 소득 또는 재산이 분산되므로 올바른 절세법입니다.

공동등기,
시기가 중요하다

　최근 부동산 세법이 강화되면서 부동산 명의를 누구로 하면 유리할지 문의를 많이 합니다. 가령 부동산을 취득할 때 단독명의와 공동명의 중 어느 쪽이 유리한지, 부동산을 취득한 후에 단독명의에서 공동명의로 바꾸는 것이 유리한지 같은 질문입니다.

　실제로 부동산 취득, 보유, 양도, 처분 등에서 명의를 어떻게 하는가에 따라 세금은 달라집니다.

세알못　**부부가 공동명의를 할 때 좋은 점은 무엇인가요?**

일단 부부가 공동으로 등기를 하면 자금 출처조사, 부동산 세금 전반에 영향을 미칩니다.

먼저 부동산을 취득하면 자금 출처 문제로 신경이 쓰이는데, 부부간에는 6억 원까지 증여세가 비과세되므로 공동으로 등기할 때, 한쪽 지분이 6억 원 이하라면 증여세는 없습니다. 즉 자금 출처가 입증되는 것입니다. 그런데 취득세는 비례세율에 해당하므로 절세 효과는 발생하지 않습니다.

상가나 주택을 임대하면 원칙적으로 임대소득이 발생합니다. 소득세는 누진세율이 적용되기에 공동명의로 소득을 분산하면 절세 효과가 있습니다.

만일 양도소득세가 과세되는 상황이라면 각자 지분에 해당하는 금액에 개인별로 과세되므로 누진세율의 효과가 발생해 세금은 줄어듭니다. 물론 누진세율이 아닌 단일세율 70% 등이 적용된다면 양도소득 기본공제 250만 원의 적용 효과만 볼 수 있습니다.

부부 공동명의의 부동산은 상속세의 크기에도 영향을 줍니다. 상속세 역시 누진세율을 채택하고 있으니 세금 분산 효과가 있습니다.

정리하면 누진세율이 적용되는 세금은 소득을 분산하면 절세 효과가 발생합니다.

그러나 때에 따라 공동등기를 하지 않는 것이 나을 때가 있습니다. 이미 등기가 끝난 부동산의 명의를 바꾸는 경우가 그렇습니다.

단독명의인 주택을 공동명의로 바꾸면 증여세, 취득세가 과세됩니다. 이때도 배우자 간 증여는 6억 원까지는 비과세입니다. 이외에도 등기 관련 수수료도 발생합니다.

그러므로 공동등기를 하려면 주택을 취득하는 시점에서 하는 것이 제일 좋습니다.

공동등기 시 지분율은 어떻게 하나요?

세알못

택스코디

지분율은 자유롭게 정할 수 있습니다. 각각 1/2로 할 수도 있고 한쪽이 1/3 다른 한쪽은 2/3로 할 수도 있습니다.

부부간에는 조세 포탈이나 강제집행 또는 법령상의 제한을 피하기 위한 것이 아니라면 명의신탁으로 보지 않으므로 과징금 부과나 처벌 문제는 없습니다.

절세의 강력한 무기, 세대 분리

세대 분리 요건은 앞에서 설명했습니다. 부동산에서 세대란 개념은 상당히 중요합니다.

우스갯소리로 각각 1주택을 소유한 부부가 이혼하면 세금을 안 낼 수도 있다고 하지 않습니까. 되뇌어보면, 주택을 양도할 때는 1세대가 보유한 주택 수로 세법을 적용합니다. 1세대가 1주택을 보유하면 비과세, 2채 이상을 보유하면 과세가 원칙입니다.

세알못 **33세 자녀와 같이 살고 있습니다. 자녀 앞으로 주택이 1채, 제 명의로 1채가 있다면 1세대 2주택이 되는 건가요?**

그렇습니다. 그러나 33세인 자녀를 세대 분리하면 각각 1세대 1주택자가 됩니다.

위 사례처럼 세대 분리는 양도소득세 과세에 대응하는 강력한 무기가 될 수 있습니다. 질문자처럼 세대 분리가 합법적으로 되면 절세 효과가 극대화합니다.

만약 세알못 씨가 소유한 주택이 기준시가로 5억 원, 자녀 소유의 주택이 3억 원이라고 가정해볼까요. 세대 분리 여부에 따라 아래와 같이 과세 방식이 바뀌게 됩니다.

구분	세대 분리 전	세대 분리 후
종합부동산세	영향 없음	영향 없음
양도소득세	과세(1세대 2주택)	비과세(각각 세대 1주택)

종합부동산세는 개인별로 과세하므로 세대 분리와는 관계가 없습니다.

양도소득세는 양도일 현재를 기준으로 과세 여부를 판단합니다. 따라서 양도일(잔금 정산일) 전에 미리 세대 분리를 하면 합법적으로 세대 분리를 마치는 결과가 됩니다.

일반적으로 부부가 각각 집을 보유한 상태에서 실제로 이혼하면 세법상 별도 세대가 구성되므로 1세대 1주택자가 돼 양도소득세가 비과세됩니다.

그러나 허위로 이혼했다면 과세가 원칙입니다. 단 세무 당국이 강력한 의지를 갖추고, 법률상으론 적법한 절차로 성립한 이혼을 부인해야 합니다. 세무 당국은 사실상 혼인 관계가 지속하고 있다는 구체적인 입증이 필요합니다. 따라서 이것이 미흡하면 별도 세대로 인정할 수밖에 없습니다.

세대 분리는 계약 전에 끝내는 것이 안전합니다. 세대 분리 후 양도하고 다시 합치면 일시적 퇴거로 보아 과세할 수 있으므로 주의하세요.

고지 납부의 함정,
고시서도 꼼꼼히 살피자

　'종부세 부과 대상 증가에 오류도 급증'이라는 기사를 읽은 적이 있습니다. 국세청 고지서에 오류가 늘었다는 내용인데, 납세자들이 한 번쯤은 주목해야 할 문제인 것 같습니다.

　종합부동산세는 지방자치단체의 재산세 과세자료를 국세청이 넘겨받아 전산을 통해 자동 계산한 후 납부고지서를 주소지 관할 세무서장이 납세자에게 발송합니다. 납세자들은 발송된 납부고지서를 법정 납부기한(12월 15일)까지 내면 됩니다.

　그런데, 이렇게 관할 세무서장이 발송한 종합부동산세 납부고지서가 잘못됐을 수 있다는 것입니다. 전산시스템에도 오류가 발생하거나 세금 계산의 복잡성 등으로 가끔은 잘못된 결과가 도출될 수 있습니다.

특히 2019년부터는 종합부동산세 산출과정이 조정대상지역 내 2주택자나 3주택 소유자냐에 따라 다소 복잡해졌고, 이에 따른 세 부담도 급증하고 있습니다.

따라서 납세자들은 요건이 제대로 반영되었는지 한 번 더 확인해 볼 필요가 있으며, 혹 세액산정에 오류가 있을 때는 고지서를 받은 날로부터 90일 이내 이의신청을 통해 구제받아야 합니다.

어떤 부분을 확인해 봐야 할까요?

세알못

택스코디

종합부동산세에서 1세대 1주택자에 해당할 때는 과세 기준금액이 6억 원이 아닌 9억 원을 적용받을 수 있으며, 65세의 고령자와 5년 이상 주택을 보유한 자는 고령자 세액공제와 장기보유자 세액공제를 적용받을 수 있습니다.

과세 기준금액 3억 원 상향조정과 고령자 세액공제, 장기보유자 세액공제는 1세대 1주택자에게만 적용되는 특혜인 만큼 1세대 1주택자 여부의 확인은 중요합니다. 복습해보겠습니다. 종합부동산세에서 1세대 1주택자란 거주자로서 세대원 중 1명만이 주택분 재산세 과세 대상인 1주택을 단독명의로 소유한 자를 말합니다.

　이러한 1세대 1주택에 해당하는지 판정할 때 과세기준일인 6월 1일 현재,

　① 혼인한 경우에는 혼인한 날로부터 5년,

　② 동거봉양으로 합가한 경우에는 합가한 날로부터 10년 동안 과세기준일 당시 2주택인데도 예외적으로 1세대 1주택으로 봅니다. 따라서 이에 해당하는 납세자는 과세 기준금액과 세액공제가 제대로 적용되었는지 꼭 확인해 볼 필요가 있습니다

　장기보유자 세액공제란 1세대 1주택자의 주택 보유 기간이 5년 이상일 때 주택 보유 연수에 따라 종합부동산세를 20~50%까지 세액공제해주는 제도입니다.

　장기보유자 세액공제는 고령자 세액공제와 중복 적용해 최대 80%(종전에는 70%)까지 받을 수 있는데, 재개발·재건축된 주택이거나 배우자로부터 상속받은 주택이라면 보유 연수가 제대로 반영됐는지 확인해봐야 합니다.

　장기보유자 세액공제를 적용하는 데 재건축·재개발된 주택은 그 멸실된 주택을 취득한 날부터 보유 기간을 계산해야 하며, 배우자로부터 상속받은 주택은 피상속인이 해당 주택을 취득한 날부터 보유 기간을 계산해야 합니다.

　하지만, 가끔 국세청 전산에서는 이를 제대로 반영하지 못하고

멸실된 주택의 취득일이 아닌 재개발·재건축으로 신축된 주택을 취득한 날부터 보유 기간을 계산하거나, 피상속인이 해당 주택을 취득한 날이 아닌 상속인이 상속주택을 취득한 날부터 보유 기간을 계산해 장기보유자 세액공제가 제대로 반영되지 못할 때가 있습니다. 이에 해당하는 분들은 반드시 점검해볼 필요가 있습니다.

주택임대사업자로 등록해 법 소정 요건을 충족한 때는 종합부동산세가 합산배제 됩니다. 합산배제 된다는 의미는 과세 대상에서 제외하겠다는 의미이므로 비과세와 같은 맥락입니다.

주택임대사업자로 등록한 주택을 합산배제 받으려면 합산배제 신청 기간(9월 16~30일)에 주소지 관할 세무서에 별도 신청해야 합니다.

그런데 이미 합산배제를 신청했는데도 종합부동산세 과세 대상에서 제외되지 않고 과세하는 경우가 있습니다.

합산배제 신청은 최초 1회만 신청하면 되는데, 그동안 아무 탈 없이 합산배제 됐던 임대주택이 특정 연도에 갑자기 과세 대상에 합산돼 세액이 산정되는 경우가 발생하고 있으므로 합산배제 임대주택이 제대로 과세 대상에서 제외됐는지 꼭 확인해 봐야 합니다.

최근 세법개정으로 2020년 7월 11일 이후 임대등록에 대한 세제 지원이 적용 배제됩니다. 민간임대주택법 개정에 따라 폐지되는 유형의 임대주택으로 등록하거나, 단기임대주택을 장기로 전환할 때 종합부동산세, 양도소득세 등 관련 세제 지원이 적용되지 않는 것입니다.

과세 관청에서 발송된 종합부동산세 고지서 오른쪽 아래를 보면 '과세 대상 물건 리스트'가 기재돼 있습니다. 통상 소유 주택이 많다면 대표 주택 외 몇 건 식으로 표시되는데 이를 통해 합산배제 신고한 임대주택(요건 충족한 임대주택에 한함)이 과세 대상에서 제대로 제외됐는지 확인해 볼 수 있습니다.

종합부동산세법은 '지방세특례제한법'또는 '조세특례제한법'에 의한 재산세 비과세, 감면 등의 규정을 준용하도록 규정돼 있습니다.

'지방세특례제한법'에 따라 재산세를 감면받은 주택은 종합부동산세 산출 시 재산세 감면 후의 공시가격이 제대로 반영됐는지 확인해 볼 필요가 있습니다. 감면율에 따라 감면 전 공시가격과 감면 후 공시가격이 달라져 종합부동산세에 미치는 영향이 크기 때문입니다.

비록 종합부동산세 합산배제 임대주택 요건을 충족하지 못해 종합부동산세가 과세되는 경우라도 '지방세특례제한법'에 따라 재산세를 감면받고 있다면 감면 후 공시가격이 제대로 반영됐는지 꼭 확인해 봐야 합니다.

> **감면 후 공시가격 = 감면 전 공시가격 - (감면 전 공시가격 × 감면율)**

2019년부터 종합부동산세를 산정하는 데 조정대상지역 내 2주택자와 3주택 이상 소유자는 일반적일 때보다 종부세 세율과 세 부담 상한률이 가중돼 적용됩니다.

여기서 주택 수는 개인소유의 주택(공동소유 주택, 상속주택 포함)을 합산해 판정됩니다. 세율과 세 부담이 가중 적용되는지에 따라 세금에 차이가 크므로 종합부동산세 고지서 왼쪽 위 '세액산출명세서'의 세율과 '세 부담 상한 초과액'을 확인해 세율과 세 부담 상한률이 제대로 적용됐는지 확인해 봐야 합니다.

특히 2주택자는 조정대상지역 내 2주택자인 경우에만 세율과 세 부담 상한률이 가중되므로 내가 소유한 주택이 조정대상지역 내에 소재하는지 꼼꼼히 점검해야 합니다.

위 내용을 확인해 보고 혹 종합부동산세 부과 내역에 오류가 있다면 고지서를 받은 날로부터 90일 이내 주소지 관할 세무서장에게 이의신청해야 합니다.

이의신청하면 과세 관청에서 오류 내용에 대한 정당성 여부를 확인하고 오류 내용이 명백할 때는 과다하게 낸 종부세를 환급해

줍니다.

 이미 대부분 납세자가 관할 세무서에서 발송된 종합부동산세 납세고지서를 통해 세금을 납부한 상태여서 '90일'의 이의신청 기간을 넘기지 않도록 주의해야 합니다. 이의신청 기간을 넘기면 오류가 있어도 구제받을 수 없습니다. 한 번 더 강조하자면 고지서를 꼼꼼히 살펴보는 것도 절세의 기본입니다.

창업자금 증여세
과세특례제도

18세 이상인 거주자가 세법에서 정한 업종을 영위하는 중소기업을 창업할 목적으로 60세 이상의 부모로부터 토지, 건물 등 양도소득세가 과세되는 재산을 제외한 재산(현금, 예금 등)을 증여받을 때는 증여세 과세액에서 5억 원을 공제받고 남은 금액에 10%의 낮은 세율로 증여세를 납부할 수 있습니다.

60세 이상인 부모가 자녀에게 창업자금을 지원하고 실제로 2년 이내에 창업한 후 증여일로부터 4년간 창업자금을 모두 사업목적에 사용하면 증여세 과세특례를 받을 수 있습니다.

일반 증여라면 자녀에게 10년간 5,000만 원의 증여재산공제가 되는데 창업자금 증여세 과세특례제도를 이용해 자녀에게 현금을 주면 최대 30억 원까지 5억 원을 공제한 후 최저세율인 10%를 적용합니다.

상속 증여세율 체계에서 30억 원은 최고 세율 50% 구간에 해당합니다. 창업자금에 대해 최저세율인 10%를 적용하니 굉장한 혜택입니다.

창업자금 과세특례 규정을 이용해 자녀에게 35억 원을 창업자금으로 지원한다면, 증여세가 3억(5억 원을 공제한 후 10% 세율 적용) 원이 계산됩니다.

그러나 현금 35억 원을 자녀에게 그냥 증여하면 자녀 공제 5,000만 원을 제외한 금액에 최고 세율 50%를 적용해 12억6,500만 원을 내야 합니다

창업자금 증여세 과세특례제도를 이용했을 때보다 10억 원 정도의 세금 차이가 발생합니다.

그런데 여기서 끝이 아닙니다. 창업을 통해 10명 이상의 직원을 신규로 고용하면 최저세율 과세 한도가 50억 원까지 늘어납니다.

일괄공제(5억 원)까지 고려한다면 55억 원을 창업자금 증여세 과세특례제도를 이용할 경우 최대의 절세 효과가 발생하는 것입니다.

5.

비과세,
감세 솔루션

1세대 2주택인데도 양도소득세 비과세

　가장 좋은 절세법은 당연히 비과세를 적용받는 것입니다. 절세가 아니라 말 그대로 세금을 한 푼도 내지 않으니 'No세'입니다. 그러나 세금을 거둬들이는 정부로서는 마냥 비과세를 해 줄 수는 없어 일정한 비과세 요건을 만들었습니다. 따라서 사전에 비과세 요건을 숙지한 뒤 거래해야 합니다.

　원칙적으로 거주자(국내에 1년 이상 주소를 둔 자)가 1세대 1주택 상태에서 2년 보유(조정대상지역이라면 2년 거주) 요건을 갖추면 양도소득세는 비과세됩니다.

　그러나 1세대 2주택이더라도 몇몇 경우에는 1세대 1주택으로 취급돼 양도소득세가 비과세됩니다. 단 그렇더라도 기본적으로 양도하는 주택은 비과세 요건을 갖춰야 하고, 처분 기한을 반드시 지켜야 합니다.

2021년 봄에 결혼 예정입니다. 신부는 경기도에 3억 원짜리 빌라를 한 채 소유하고 있고, 저는 서울에 9억 원 아파트가 한 채 있습니다. 서울 저의 집에서 신혼집을 꾸리려고 하는데 경기도 빌라를 처분하면 양도소득세 비과세가 가능한가요?

결혼한 날로부터 5년 이내에 먼저 양도하는 주택은 양도소득세가 매겨지지 않습니다. 다만 양도하는 주택이 양도일 현재 비과세 요건을 갖추어야 합니다.

다음도 일시적 2주택으로 비과세 특례가 적용됩니다.

첫째, 결혼으로 2주택이 되는 경우

① 각각 1주택을 소유한 남녀가 결혼해 1세대 2주택이 된 경우

② 1주택을 소유한 직계존속(60세 이상)을 동거, 봉양하는 무주택자가 1주택을 보유한 자와 혼인함으로써 1세대 2주택이 되는 경우

둘째, 노부모를 봉양하기 위해 세대를 합침으로써 2주택을 보유하게 되는 경우

1주택을 소유한 1세대가 1주택을 소유한 60세 이상의 직계존속(할아버지, 할머니, 아버지, 어머니 또는 배우자의 직계존속 포함)을 동거봉양하고자 세대를 합쳐서 1세대 2주택이 됐을 때입니다.

직계존속 중 어느 한 사람 또는 모두가 만 60세 이상이어야 합니다. 60세 미만이더라도 암, 희소성 질환 등 중대한 질병으로 동거 합가한 때는 가능합니다. 그 합친 날로부터 10년 이내에 양도하는 주택은 양도소득세가 과세되지 않습니다. 양도하는 주택은 양도일 현재 비과세 요건을 갖추어야 합니다.

장기저당담보주택(주택을 담보로 장기저당담보대출계약을 체결하고 장기저당담보로 제공된 주택)을 소유한 60세 이상의 직계존속(배우자의 직계존속 포함)을 봉양하고자 세대를 합치면서 1세대 2주택이 됐다면 양도 시기와 상관없이 먼저 양도하는 주택은 과세되지 않습니다. 마찬가지로 양도하는 주택이 양도일 현재 비과세 요건을 갖추어야 합니다.

셋째, 공동상속주택으로 2주택이 되는 경우

공동상속주택(상속으로 여러 사람이 공동으로 소유하는 주택) 외 다른 주택을 양도할 때는 양도소득세가 과세되지 않습니다.

넷째, 부득이한 사유로 2주택이 되는 경우

취학, 근무상 형편, 질병의 요양, 그 밖에 부득이한 사유로 취득한 수도권 밖에 소재한 주택과 일반주택을 국내에 각각 1채씩 소유한 1세대가 부득이한 사유가 해결된 날부터 3년 이내에 일반주택을 양도할 때는 양도소득세가 과세되지 않습니다.

다섯째, 농어촌주택을 포함해 2주택이 되는 경우

농어촌주택과 일반주택을 각각 1채씩 소유한 1세대가 비과세 요건을 갖춘 일반주택을 파는 경우입니다. 귀농 주택은 취득일로부터 5년 안에 일반주택을 팔아야 양도소득세가 과세되지 않습니다.

2003년 8월 1일(고향 주택은 2009년 1월 1일)부터 2020년 12월 31일까지 농어촌(고향) 지역에 소재하는 일정 규모 이하의 주택을 취득해 1세대 2주택이 된 경우, 농어촌(고향)주택 취득 전에 보유하던 일반주택 양도 시 비과세 해당 여부는 농어촌(고향)주택을 제외하고 판단합니다. 농어촌주택 등을 3년 이상 보유하거나 최초 보유 기간 3년 중 2년 이상 거주해야 합니다.

세알못 농어촌(고향)주택이 무엇인가요?

택스코디 기준은 아래와 같습니다.

① 농어촌지역 : 읍, 면 인구 20만 이하인 시 지역(수도권, 도시지역, 토지거래허 가구역, 투기지역, 관광단지 지역은 제외)

② 주택 규모 : 대지 660㎡

③ 주택 가격 : 농어촌주택 취득 시 기준시가 2억 원 이하(한옥은 4억 원 이하 → 2014년 1월 1일 이후 취득분부터 적용)

일시적 1세대 2주택 비과세 여부

일시적 1세대 2주택 종전 주택 양도 기한 원칙

원칙적으로 다른 요건을 모두 충족했다면 신규주택을 취득하고 종전 주택을 신규주택의 취득일로부터 3년 이내에 양도하면 종전 주택은 비과세가 됩니다.

2년 또는 1년 예외 규정

종전 주택이 조정대상지역에 소재하고 조정대상지역의 신규주택을 취득할 때는 아래와 같이 종전 주택을 3년이 아닌, 2년 또는

1년 이내 양도해야 비과세가 됩니다. 이는 2018년 〈9·13 부동산 대책〉과 2020년 2월 시행령이 확정된 〈12·16 부동산 대책〉에 관련된 내용입니다.

① 시행령 시행일(2020년 2월 10일~15일) 전 양도하는 종전 주택

종전 주택이 조정대상지역에 있고 조정대상지역의 신규주택을 취득할 때는 신규주택 취득일로부터 2년 이내에 종전 주택을 양도해야 일시적 1세대 1주택으로 비과세 대상이 됩니다.

단, 2018년 9월 13일 이전에 신규주택을 매매계약 체결하고 계약금을 냈다면 제외합니다. 이때는 원칙으로 돌아가서 3년 이내 양도하면 일시적 1세대 1주택 비과세 대상입니다.

② 시행령 시행일(2020년 2월 10일~15일) 이후 양도하는 종전 주택

2019년 〈12·16 부동산 대책〉으로 바뀌는 내용입니다. 종전 주택이 조정대상지역에 있고 조정대상지역의 신규주택을 취득할 때는 신규주택에 전 세대가 1년 이내 이사하고 전입신고해야 하고, 종전 주택을 신규주택 취득일로부터 1년 이내에 양도해야 일시적 1세대 2주택으로서 비과세 대상이 됩니다.

단, 2019년 12월 16일 이전에 신규주택을 매매계약 체결하고 계약금을 냈다면 종전 규정을 적용합니다. 종전 규정은 앞에서 살펴본 원칙과 〈9·13 부동산 대책〉 관련 규정을 적용합니다.

정리하면 신규주택을 2018년 9월 13일 이전에 매매계약하고 계약금을 냈다면 조정대상지역 여부와 관계없이 종전 주택을 3년 이내에 양도하면 일시적 1세대 1주택 비과세 대상이 되고, 2018년 9월 14일부터 2019년 12월 16일 이전에 신규주택을 매매계약하고 계약금을 지급했다면 종전 주택(조정대상지역) + 신규주택(조정대상지역)의 경우 종전 주택을 2년(2019년 12월 16일 이후에는 1년)이내 양도하면 일시적 1세대 2주택 비과세 대상이 되는 것입니다.

세대원 전원이 사정으로 이사를 못 하면 어떻게 되나요?

원칙적으론 세대원 전원이 1년 이내 이사를 하고, 전입신고를 해야 합니다. 그러나 법에서 정한 부득이한 경우에는 세대원 중 일부가 이사하지 못할 때도 인정해줍니다.

사유는 취학, 근무상 형편, 질병의 요양, 그밖에 부득이한 사유로 입증되는 경우입니다.

신규주택에 기존 세입자가 있어서 1년 이내 이사를 못 하면 어떻게 되나요?

택스코디

원칙적으로 신규주택 취득일로부터 1년 이내에 모든 세대원이 이사하고 전입신고를 해야 합니다. 그러나 소유자와 이미 임대차 계약을 맺고 있는 기존 세입자가 있다면 전 소유자와 임차인 간 임대차 계약 종료일까지 신규주택에 이사하고, 종전 주택을 양도하면 1년이 넘어도 일시적 1세대 1주택 비과세가 가능합니다. 그 기간은 2년을 넘기지 못합니다. 이 경우 기존 계약에 대한 것으로 현재 소유자와의 계약갱신은 인정되지 않습니다.

가령 신규주택 취득 당시 신규주택에 기존의 소유자와 기존 임차인 간 임대차 기간이 1년 6개월이 남아 있다면, 아래와 같이 양도하면 비과세가 가능합니다.

첫째, 신규주택 취득일로부터 1년 6개월 이내에 세대 전원이 이사하고 전입신고 하면 됩니다.

둘째, 신규주택 취득일로부터 1년 6개월 이내에 종전 주택을 양도해야 합니다.

세알못

종전 주택은 비조정대상지역에 있고 신규주택은 조정대상지역에 있다면 어떻게 하나요?

이 경우에는 신규주택 취득일로부터 3년 이내에 종전 주택을 양도하면 일시적 1세대 2주택 비과세 대상이 됩니다.

종전 주택은 조정대상지역에 있고 신규주택은 비조정대상지역에 있다면 어떻게 되나요?

이 경우에도 신규주택 취득일로부터 3년 이내에 종전 주택을 양도하면 일시적 1세대 2주택 비과세 대상이 됩니다.

여우 같은 딸의
상속주택 선순위 1주택

피상속인 세알못 씨에게는 자녀가 3명이 있습니다. 한 배에서 나온 자녀라고 다들 똑같을 수는 없습니다. 큰아들과 둘째 아들은 곰 같았고, 막내인 딸은 똑소리 나는 여우 같았습니다.

갑작스럽게 세알못 씨가 사망해 형제들은 사이좋게 아버지의 소유였던 주택 3채를 각각 1채씩 나누어 갖기로 했습니다.

여우 같은 막내는 오빠들에게 아버지가 돌아가실 때까지 거주했던 가장 오래 보유한 단독주택을 갖고 싶다고 부탁했습니다. 오빠들은 막내가 요구한 집은 오래돼 월세 받기도 힘들고 수리비도 많이 들 것 같아 막내에게 흔쾌히 양보했습니다.

여우 같은 막내는 왜 그 집을 요구했을까요?

바로 그 주택이 상속주택이었던 것입니다. 상속주택을 상속받으면 막내에게 있던 일반주택(기존주택)을 추후 양도하면 비과세 혜택이 주어집니다.

요컨대 아버지가 물려준 상속주택 전부 비과세 혜택을 보는 것이 아니라 선순위 1주택만 특례대상 상속주택이 되며, 그 주택을 상속받은 자만 일반주택(기존주택) 양도 시 양도소득세 비과세 혜택(요건 충족 시)을 받을 수 있습니다. 결국 오빠들이 물려받은 주택은 무늬만 상속주택인 셈입니다.

1주택을 보유한 자가 상속주택을 받는다면, 기존주택을 양도할 때는 상속주택을 주택 수에 넣지 않아 1세대 1주택이 돼 양도소득세가 비과세됩니다.

모든 자식에게 일괄적으로 상속받은 주택에 다 비과세 혜택을 똑같이 주겠다고 하면 과연 누가 세금을 낼까요?

그래서 상속주택이 여러 채이면 아래와 같은 순위를 적용해 선순위 1주택만 비과세 혜택을 적용받을 수 있도록 했습니다.

① 피상속인이 소유한 기간이 가장 긴 1주택

② 1번이 같은 주택이 2채 이상인 경우에는 피상속인이 거주한 기간이 가장 긴 주택

③ 1번과 2번이 모두 같은 주택이 2채 이상인 경우에는 피상속인이 상속 개시 당시 거주한 1주택

④ 피상속인이 거주한 사실이 없고, 1번과 같은 주택이 2채 이상인 경우에는 기준시가가 가장 높은 1주택(기준시가가 같은 경우에는 상속인이 선택하는 1주택)

고가 주택이라면 장특

아파트 가격이 폭등해 10억 원대 아파트(고가 주택)가 꽤 있습니다. 이런 고가 주택을 팔면 1주택 보유자도 양도소득세가 발생합니다.

부동산 정책 변화의 핵심은 투기를 잡는 것이고, 고가 주택이더라도 투기와 관련이 없을 때는 터무니없이 많은 세금은 정책 취지에 비춰 볼 때 바람직하지 않습니다.

하여 고가 주택이더라도 그 집에서 오랜 기간 거주했다면 세금이 크게 나오지 않습니다. 이유는 앞장에서 배운 장기보유특별공제에 있습니다.

세알못

그럼 10년 보유한 고가 주택을 양도했을 때 세금이 얼마나 나올까요. 취득금액은 5억 원, 양도금액은 15억 원입니다. 1세대 1주택자입니다.

택스코디

1주택자가 양도할 때는 양도소득 금액의 일부만 과세합니다. 고가 주택이 아니면 1주택자는 원칙적으로 비과세되지만, 고가 주택은 일부를 과세합니다. 9억 원 이하에 대해서는 전액 비과세하고 과세되는 부분도 10년 이상 보유했기에 80%의 장기보유특별공제를 적용받아 세금 부담은 생각만큼 많지 않습니다. 그럼 계산 한번 해볼까요.

- **양도차익** = 양도금액 - 취득금액 = 15억 원 - 5억 원 = 10억 원
- **비과세양도차익** = 양도차익 - {양도차익 × (양도금액 - 9억 원)/양도금액} = 10억 원 - 10억 원 × (15억 원 - 9억 원)/15억 원 = 6억 원
- **과세양도차익** = 양도차익 - 비과세양도차익 = 10억 원 - 6억 원 = 4억 원
- **장기보유특별공제** = 과세 대상 양도차익 × 80%(10년 이상 보유) = 4억 원 × 80% = 3억2천만 원
- **양도소득 금액** = 과세 대상 양도차익 - 장기보유특별공제 = 4억 원 - 3억2천만 원 = 8천만 원
- **과세표준** = 양도소득 금액 - 기본공제 = 8천만 원 - 250만 원 = 7,750만 원
- **산출세액** = 과세표준 × 세율 - 누진 공제액 = 7,750만 원 × 24% - 522만 원 = 1,338만 원

- **자진 납부세액** = 1,338만 원

- **지방소득세** = 1,338,000원

- **합계** = 13,380,000원 + 1,338,000원 = 14,718,000원

위 계산으로 알 수 있듯이 실거주자의 고가 주택을 장기보유한 상태에서 양도하면 세금은 많지 않습니다.

기준시가 5억 원인 A주택, 기준시가 15억 B주택을 보유하고 있습니다. 한 채를 팔려고 하는데 어떤 주택부터 팔아야 유리한가요?

고가 주택(B)과 일반주택(A)이 있고 팔 계획이 있다면 일반주택을 먼저 처분해야 합니다. 일반주택을 처분하면 양도소득세가 발생하지만, 고가 주택을 처분한 것과 비교하면 세금 차이가 크므로 일반주택을 먼저 처분하고 고가 주택을 처분할 때 위 경우처럼 감세 효과를 적용받게 됩니다.

일반주택 처분이 쉽지 않다면 일반주택을 세대가 분리된 가족 등에 증여를 생각해 볼 수 있습니다. 그런 후 1세대 1주택 상태에서 고가 주택을 처분하면 위와 같은 감세를 적용받게 됩니다. 이때 세법상 세대 개념을 잘 지켜야 문제가 없습니다.

양도소득세
거주기간 절세 총정리

    집을 얼마나 오래 보유했는지는 양도소득세를 절세하기 위해서 대단히 중요한 문제입니다. 주택규제가 주로 단기 투기 수요를 억제하는 방향으로 설계돼 있다 보니 오래 보유할 때 더 많은 세제 혜택을 주기 때문입니다.

    최근에는 세제 혜택 요건으로 보유뿐만 아니라 거주 요건까지 더해져 오래 보유한 집도 혜택을 받기가 쉽지 않게 됐습니다. 양도소득세 부담을 줄여 주는 보유 및 거주기간을 알아볼까요.

    한 세대에 집을 한 채만 보유하고 있다면, 그 집을 팔 때 발생하는 양도차익에 양도소득세를 비과세하는 혜택을 줍니다. 바로 1세대 1주택 비과세입니다.

그런데 1세대 1주택 양도소득세 비과세도 보유 기간이 2년 이내로 아주 짧은 경우에는 받을 수 없습니다. 팔더라도 최소한 2년 넘게 보유한 후에야 면세 혜택을 받을 수 있습니다.

그런데 조정대상지역 주택은 '거주기간 2년'까지 갖춰야만 비과세되도록 조건이 바뀌었습니다. 구체적으로 2017년 8월 3일 이후에 취득한 조정대상지역 주택은 2년 넘게 보유하고 있으면서 직접 거주한 기간도 2년이 넘어야만 비과세됩니다.

지금 사는 집을 팔고 새로운 집을 사서 이사할 때는 부득이하게 일시적으로 2주택자가 될 수 있습니다. 따라서 이때도 1세대 1주택과 같이 종전에 살던 주택의 양도차익에 관해 비과세 혜택이 적용됩니다. 바로 일시적 2주택의 양도소득세 비과세입니다.

일시적 2주택의 비과세 혜택도 종전 주택의 보유 기간이 2년 넘어야 하며, 조정대상지역(2017년 8월 3일 이후 취득)인 경우엔 거주기간도 2년이 넘어야 합니다.

일시적 2주택은 종전 주택을 최대한 빨리 팔아야 하는 요건도 있습니다. 종전에 살던 주택을 '3년 이내'에 팔면 이사하기 위해 신규주택을 취득한 것으로 보고 비과세 혜택을 주는 것입니다.

조정대상지역 내에서 이사할 때는 종전 주택을 팔아야 하는 기간이 더 짧아졌습니다. 이사 들어가는 집을 2018년 9월 14일 이후~2019년 12월 16일 이전에 취득했다면 종전에 살던 집을 3년이 아닌 '2년 이내'에 팔아야만 일시적 2주택 비과세 대상이 됩니다.

만약 신규주택을 2019년 12월 17일 이후에 취득한 경우라면, 종전에 살던 주택을 '1년 이내'에 팔아야 비과세받을 수 있습니다. 특히 이때는 1년 이내에 세대원 전원이 신규주택으로 전입도 마쳐야 합니다.

앞에서 살펴본 것처럼 1세대 1주택이나 일시적인 2주택이라 하더라도 주택 양도가격이 9억 원이 넘는다면 비과세를 받지는 못합니다. 9억 원 초과분에 한해서는 양도소득세를 부담해야 하는 고가 주택 예외 규정이 있기 때문입니다.

하지만 이때도 오래 보유한 주택에 대해서 '정해진 비율'로 양도차익을 줄여 주는 혜택을 줍니다. 바로 장기보유특별공제입니다.

1주택자의 장기보유특별공제율은 보유 기간별로 3년 이상 24%, 4년 이상 32%, 5년 이상 40%, 6년 이상 48%, 7년 이상 56%, 8년 이상 65%, 9년 이상 72%, 10년 이상 80%까지 됩니다.

10년 보유한 1주택의 9억 원 초과분 양도차익이 5억 원이라면 5억 원의 80%를 공제한 1억 원만 양도차익으로 보고 양도세를 계산합니다.

그런데 장기보유특별공제 규정에도 큰 변화가 생겼습니다. 2021

년 1월 1일 이후 양도한다면 보유뿐만 아니라 거주기간까지 채워야만 24~80%의 공제율을 적용하는 것입니다.

24~80%의 공제율을 절반으로 뚝 잘라서 12~40%는 보유 기간에 따른 공제율, 12~40%는 거주기간에 따른 공제율로 계산하고 둘을 합산하는 방식입니다.

서울 아파트
양도소득세 모의 계산

　1주택자든 다주택자든 처분할지 말지를 고민하기 전에 먼저 보유세와 양도소득세를 비교해 봐야 합니다. 일단 각 상황에서 세금이 얼마나 발생하는지 안다면 결정을 내리기가 좀 더 수월해질 것입니다.

　서울에서 5년 전에 산 아파트는 지금 얼마나 올랐을까요. 국토교통부 실거래가 공개시스템을 통해 서울에서 가장 많이 팔린 아파트를 하나씩 골라서 2015년과 2020년 매매가격을 비교해봤는데, 5년 사이 두 배가 넘게 오른 아파트도 있습니다. 강남구 은마아파트를 비롯해 강동구 선사현대, 강서구 방화5단지 등입니다.

아파트를 팔려고 계획하고 있다면 양도소득세를 미리 따져볼 필요가 있습니다. 인기 아파트를 5년간 보유하고 팔 때 양도소득세를 얼마나 내야 하는지 1주택자, 2주택자, 3주택자의 시점에서 각각 계산해보겠습니다.

서울 인기 아파트단지 5년 보유 시 양도소득세 모의 계산

지역 단지명 전용면적 ㎡	2015년 취득가격	2020년 매매가격	5년간 가격상승액	양도소득세(추정액) 단위 - 만 원		
				1주택자	2주택자	3주택자
강남 대치 은마 84.43	9억8천만 원	22억 원	12억2천만 원	1억4,662	5억9,770	7억1,945
강동 암사 선사현대 82.94	4억7천만 원	10억6천만 원	5억9천만 원	700	2억7,010	3억2,885
강북 미아 SK 북한산시티 114.85	3억7천만 원	7억1천만 원	3억4천만 원	-	1억4,335	1억7,710
강서 방화 방화5 49.77	2억2,400만 원	5억1천만 원	2억8,600만 원	-	1억1,668	1억4,503
관악 신림 관악산휴먼시아 2단지 114.7	4억2,500만 원	7억3천만 원	3억500만 원	-	1억2,585	1억5,610
광진 자양 더샵스타시티 163.53	11억9천만 원	19억5천만 원	7억6천만 원	7,295	3억5,850	4억3,425

국세청 홈택스 모의 계산, 국토교통부 실거래가 공개시스템
1주택자는 2년 이상 거주 요건 충족 기준

국세청 홈택스에서 모의 계산을 해보면, 강남 은마아파트 한 채를 5년 전에 취득했다가 2020년에 팔 경우, 1주택자가 내야 할 양도소득세는 1억4,662만 원입니다. 아파트 가격상승액의 12% 정도입니다.

주택 수가 많아지면 양도소득세는 더 늘어납니다. 1세대 2주택자라면 5억9,770만 원, 3주택자는 7억1,945만 원입니다.

2주택자는 5년간 가격상승액 12억2천만 원의 절반 정도를 양도소득세로 내고, 3주택자는 60%를 부담하는 셈입니다. 양도소득세를 낼 때 10%씩 붙는 지방소득세까지 포함하면 실제 세금 부담액은 각각 55%와 66%까지 오르게 됩니다.

광진구 더샵스타시티(163m^2)를 보유한 1주택자는 양도소득세 7,295만 원이 계산됩니다. 이들 아파트를 보유한 3주택자라면 양도소득세는 4억 원 수준으로 많이 늘어납니다.

이밖에 2020년 매매가격이 10억 원을 넘어선 선사현대는 1주택자가 7백만 원의 양도소득세를 부담하며, 다주택자라면 양도소득세가 3억 원을 넘는 것으로 계산됩니다.

재개발, 재건축 조합원이 내야 할 세금

입주권 양도소득세

재건축, 재개발 사업 과정에서 조합원 입주권도 주택에 대한 세제가 적용됩니다. 다른 관점에서 보면 비과세가 가능하다는 뜻이기도 합니다. 다른 주택을 양도할 때는, 그 주택의 과세 방식에 영향을 미치게 됩니다.

입주권은 중과세율이 적용되지 않았으며 1년 미만 보유 시 40%, 1년 이상 보유 시 6~42% 기본세율이 적용됐습니다.

그러나 2021년 6월 1일 이후 양도분부터 2년 미만 보유 주택(조합원 입주권·분양권 포함)에 대한 양도소득세율이 인상됩니다. 구체적으로 1년 미만은 40%에서 70%로, 1~2년은 기본세율에서 60%로 올랐습니다. 주택과 입주권을 비교한 아래 표를 보시죠.

구분	주택	입주권
양도차익 계산	실거래 원칙	실거래 원칙
장기보유특별공제	적용	제외(단, 관리처분계획인가 전 양도차익은 공제 가능)
1세대 1주택 비과세	일반주택과 똑같이 처리	입주 전 비과세 특례 적용
공사 기간 보유 기간 통산 여부	해당 사항 없음	통산
비과세 판정 시 주택 수	포함	포함
1세대 2주택 중과세 주택 수	포함	포함
1세대 3주택 중과세 주택 수	포함	포함
중과세 적용	적용	미적용

이런 입주권은 〈도시 및 주거환경정비법 및 빈집 및 소규모주택 정비에 관한 특례법〉 상의 권리를 말합니다. 주택법상 지역주택조합에서 발생하는 입주권은 주택이 아니라 분양권처럼 취급합니다 (입주권의 발생 원천에 따른 과세 방식).

재개발 주택은 취득세가 비과세

세알못

취득세가 비과세나 감면되는 부동산이 있다면서요?

택스코디

실수요자들에게 취득세는 비용 지출을 의미하므로 최대한 적게 내는 것이 좋습니다. 따라서 취득세가 비과세되는지 감면되는지 먼저 점검할 필요가 있습니다.

취득세는 지자체 재원에 사용되기 때문에 법이나 조례 등에서 특별한 규정을 제외하고는 비과세나 감면 혜택을 주지 않습니다.

취득세 비과세 유형은 주로 서민들 처지를 고려한 것입니다. 따라서 투자 목적으로 또 다른 주택을 보유하려는 사람들은 세금 혜택이 없습니다. 취득세가 비과세되는 경우는 아래와 같습니다.

정비구역 지정 전에 1주택 소유자가 재개발로 전용면적 $85m^2$ 이하인 주택을 원시취득하면 취득세가 비과세됩니다. 재건축에는 이런 혜택이 없다는 점이 다릅니다.

부동산 용어 중에서 원시취득이란 말이 가끔 나옵니다. 원시취득이란 건물을 신축하면서 자기의 노력과 비용으로 건물을 건축했다면, 그 사람이 건물의 소유권을 처음으로 취득한다는 것을 뜻합니다. 어떤 권리를 타인으로부터 승계하지 않고 독자적으로 취득하는 승계취득과 대립됩니다.

무주택자가 상속으로 받은 상속 1주택에는 거주 지원 차원에서 취득세를 2.8%가 아닌 0.8%로 낮게 과세합니다. 그러므로 상속이 발생하면 상속으로 누가 상속받는 게 유리한가를 고려해 상속재산을 분배하는 것이 좋습니다.

상속주택은 1세대가 무주택 상태에서 주택 한 채를 취득했을 때 취득세가 비과세됩니다.

1세대는 원칙적으로 독립된 세대를 기준으로 하나, 30세 미만자는 독립된 세대로 보지 않습니다. 예를 들어 상속주택이 2채 있는데 이를 한 사람의 것으로 하면 취득세를 비과세받을 수 없습니다. 하지만 무주택자로서 독립된 세대 요건을 갖추고 있는 사람들이 각각 한 채씩 나눠 가진다면 1세대 무주택자가 상속주택을 취득하므로 취득세를 비과세받을 수 있습니다.

이외에도 기업부설연구소가 지식산업센터 등을 취득할 때도 취득세가 감면됩니다.

재건축 아파트 취득 시기, 양도 시기에 주의하라

같은 회사에 근무하는 세잘알 씨와 세알못 씨는 재건축 진행

중인 서울의 한 아파트를 비슷한 가격을 주고 샀습니다. 다만 세알못 씨는 세잘알 씨보다 3개월 늦게 매수했습니다.

지지부진하던 재건축 사업은 11년 만에 완료돼 입주를 시작했습니다. 입주 이후 세잘알 씨는 얼마 지나지 않아 아파트를 처분했습니다. 20억 원의 양도차익이 났는데도 양도소득세는 8,000만 원 정도 나왔습니다.

세알못 씨는 세잘알 씨가 낸 양도소득세 규모를 듣고 본인 또한 3개월 뒤에 아파트를 처분했습니다. 비슷한 시기에 매입해 비슷한 가격에 팔았던 그는 양도소득세 역시 세잘알 씨와 비슷할 것으로 예상했으나 계산된 양도소득세를 보고 말문이 막혔습니다.

세알못 씨가 내야 할 양도소득세는 8억 원으로 세잘알 씨가 낸 양도소득세보다 무려 10배가 많았던 것입니다. 세잘알 씨와 세알못 씨는 비슷한 시기에 같은 아파트를 샀고, 또 비슷한 시기에 팔아 양도차익도 같았습니다. 세잘알 씨와 세알못 씨 둘 다 1세대 1주택인데 무슨 까닭에서 양도소득세가 10배나 차이가 났을까요?

재건축이나 재개발아파트는 특수한 부동산입니다. 보통의 부동산은 살 때도 팔 때도 보유 기간도 부동산 상태입니다. 그러나 재개발·재건축 아파트는 권리변환일(현재 관리처분계획인가일) 전에는 부동산이지만 권리변환일 후에는 조합원 입주권으로 바뀝니다.

조합원 입주권은 부동산이 아니라 부동산을 취득할 수 있는 권리로 자산 종류가 달라집니다. 공사가 완료되면 다시 부동산(아파트)으로 변환되는데 어느 시점에 취득하고 양도했는지에 따라 자산 종류와 보유 기간 계산이 달라집니다.

현재 관리처분인가 전에 부동산(주택)을 취득해서 준공 후에 양도한다면 보유 기간 계산은 취득일로부터 양도일까지로 합니다. 반면에 관리처분 인가 이후 조합원 입주권을 취득해 준공일 이후에 양도한다면 보유 기간 계산은 준공일로부터 아파트 양도일까지로 합니다.

세잘알 씨는 과거 아파트를 매매할 당시 권리변환일(2005년 5월 30일 이전에는 사업시행인가일이 기준)전에 아파트를 취득했기 때문에 보유 기간이 12년을 넘어 1세대 1주택으로 비과세도 되고, 9억 원을 초과하는 양도차익은 장기보유특별공제를 80% 받았습니다. 이러한 까닭으로 20억 원의 양도차익에도 양도소득세는 8,000만 원 정도밖에 안 나왔던 것입니다.

그러나 세알못 씨는 권리변환일 이후 아파트를 매수해 큰 차이를 보이고 말았습니다. 세알못 씨의 해당 아파트 보유 기간은 준공일로부터 양도일까지로 계산돼 2년 미만 보유로 1세대 1주택 비과세도 받지 못했습니다. 여기에 장기보유특별공제 대상도 되지 않아 양도소득 금액에 42%의 최고 세율을 적용받아 양도소득세를 무려 8억 원가량 내게 된 것입니다.

　재개발·재건축 아파트는 취득 시기와 양도 시기 모두 중요합니다. 양도 시기에 따라 비과세와 중과세 그리고 장기보유특별공제가 달라지는 것에 주의해야 합니다.

6.

2021년 세법개정에 따른 절세 전략

한눈에 보이는
2021년 확 바뀐
주택 세금

최근 몇 년간 정부에서는 주택 가격을 안정화하고자 지속해서 중과세 정책을 내놓고 있습니다. 양도소득세, 종합부동산세, 취득세 등을 단계적으로 발표하고 시행하는 겁니다. 하지만 여전히 주택 가격은 안정화되지 않아 또 다른 중과세 정책을 발표하는 상황입니다.

자주 바뀌어 변화가 있는 사항들 가운데 집주인들이 잘 몰라서 세금을 왕창 부담해야 할 수도 있는 부분을 다시 확인할 필요가 있으니 몇 가지 정리해보겠습니다.

9억 원 이상 고가 주택에 대한 양도소득세

1세대 1주택자가 양도가액이 9억 원 이상인 고가 주택을 양도할 때 적용되는 장기보유특별공제율이 계속 변경되고 있습니다.

2019년 12월 16일 발표한 부동산 대책으로 2021년부터 고가 주택에 대한 장기보유특별공제 방식이 또다시 변경됩니다. 2021년부터는 10년 이상 보유 시 40% 공제(3년 이상 보유 시 1년에 4%)와 10년 이상 거주 시 40% 공제(3년 이상 거주 시 1년에 4%)를 별도로 구분해 장기보유특별공제율을 적용하게 됩니다.

해당 고가 주택을 매도할 계획이 있다면 거주기간에 따라 어느 해에 매도가 유리할지 미리 검토한 후에 양도해야 합니다.

상가주택에 대한 양도소득세

상가주택만 1주택으로 보유하고 있는 사람이 해당 상가주택을 매도할 때 건물 전체 면적 중 주택 면적이 상가 면적보다 크면 건물 전체를 주택으로 보아 양도가액이 9억 원 미만이면 비과세, 9억 원 초과이면 장기보유특별공제율 최대 80% 혜택이 적용됐습니다.

하지만 2022년 1월 1일 이후 양도분부터는 면적과 상관없이 주택 부분만 따로 떼 내 계산해 상가주택을 1주택으로 보유한 사람들의 양도소득세가 증가할 것으로 예상됩니다. 2021년 말까지 해당 상가주택을 양도할지 고민해야 합니다.

1세대 1주택 비과세 요건

2021년 1월 1일 이후 양도분부터 1세대 1주택에 대한 비과세 요건이 변경됩니다. 2020년 말까지는 '취득일부터 양도일까지 2년 이상 보유 시' 1세대 1주택에 양도소득세가 비과세 되지만, 2021년부터는 '최종 1주택만을 보유한 날부터 양도일까지 2년 이상 보유 시' 1세대 1주택 양도소득세 비과세가 적용됩니다.

조정대상지역 내 다주택자

2019년 12월 17일부터 2020년 6월 30일까지 다주택자가 조정대상지역 내 10년 이상 보유한 주택을 양도할 때는 한시적으로 양도세 중과를 배제해 기본세율을 적용하고, 장기보유특별공제도 적용해 양도소득세 부담이 완화되었습니다. 10년 이상 보유한 경우에만 해당하니 10년 이상 보유한 다주택자라면 혜택을 주는 기간에 주택 양도를 고려해볼 필요가 있었습니다.

그런데 2021년 들어 쓰나미급 규제가 시작됐습니다.

다주택자가 조정대상지역 내 주택을 양도하면 양도소득세율이 기본세율(6~45%)에서 2주택자는 20%P(종전 10%), 3주택 이상은 30%P(종전 20%) 추가되고 장기보유특별공제 적용이 배제돼 거액의 양도소득세를 내게 됩니다. 세금 부담으로 다주택자는 주택을 매도하지 못하는 상황이 발생했습니다.

취득세와 종합부동산세 세율도 변경됐습니다. 다주택자라면 특히 정부의 부동산 정책에 관심을 두고 한시적인 완화책이 나올 때 적극적으로 이를 활용해야 합니다.

부동산 법인 발등에 불

집 부자들의 절세수단으로 활용되던 법인 주택 거래에 제동이 걸립니다. 정부가 2020년 6월 16일 법인 보유 주택에 대한 종합부동산세와 양도소득세 부담을 극대화하는 내용의 세제개편 카드를 꺼냈기 때문입니다.

법인 설립을 세금 절감 수단으로 활용하기가 어려워질 정도로 대책의 수위도 높습니다.

세알못

법인 규제가 구체적으로 어떻게 되나요?

택스코디

정부는 우선 법인의 종합부동산세 부담을 크게 늘렸습니다. 종전에는 개인과 법인에 대한 구분 없이 과세표준으로 세율을 적용했지만, 2021년부터는 법인 보유 주택에만 별도의 최고 세율이 일괄 적용됩니다.

조정대상지역 1주택을 포함해 2주택을 보유한 법인은 3%, 3주택 이상(조정대상지역 2주택 포함)을 보유한 법인은 6% 세율로 종합부동산세를 내야 합니다.

또 법인 보유 주택에는 6억 원(1주택 9억 원) 기본공제도 적용하지 않습니다. 종합부동산세는 공시가격 인별 합계액에서 기본공제를 빼고 계산하지만, 법인 보유 주택에만 이를 적용하지 않아 세 부담 격차가 클 것입니다.

세알못

조정대상지역에 공시가격이 각각 7억, 8억, 비조정대상지역에 6억 원인 주택 3채를 보유하고 있다가 1인 법인을 2곳 설립해서 분산하고 있습니다. 종합부동산세는 어떻게 변동될까요?

택스코디

종전에는 종합부동산세 공시가격 공제액이 21억 원(개인 1주택 9억 원 + 법인별 6억 원)이었습니다. 따라서 공시가격 합계액이 21억 원이면 종합부동산세 0원도 가능한 구조였습니다.

하지만 2021년부터는 법인 보유 주택은 공제를 받지 못하기 때문에 세알못 씨가 법인을 세워 보유 주택을 분산하더라도 공제액은 9억 원 (개인 1주택)입니다.

현재는 법인이 의무보유 기간 8년인 장기임대주택(수도권 6억 원 이하, 비수도권 3억 원 이하)을 보유했다면 종합부동산세를 비과세하고 있는데, 이 혜택도 조정대상지역에는 사라지게 됩니다. 정부 개편안 발표 다음 날인 2020년 6월 18일 이후에 조정대상지역에 임대 등록하는 주택부터 적용합니다.

법인의 양도소득세 부담도 늘어납니다. 이전에 법인이 주택을 양도하면 양도차익은 법인소득에 포함해 10~25%의 법인세율을 적용하고, 해당 양도차익의 10%만 추가로 과세했습니다. 하지만 2021년부터는 추가 과세 세율이 10%에서 20%로 늘어납니다.

예를 들어 양도소득 금액이 5억 원이면 현재 개인은 40%의 소득세율을 적용받고, 법인은 20% 법인세율에 추가 과세 10%를 얹더라도 30% 세율이 적용됩니다. 하지만 2021년부터는 추가 과세가 20%로 인상되면서 같은 조건에서 법인도 합계세율이 40%로 오르게 됩니다.

법인 주택 거래가 인기를 끌었던 이유 중 하나는 양도차익에 대해 소득세율보다 낮은 법인세율을 적용할 수 있었기 때문인데 이

장점이 사실상 사라지는 것입니다.

　법인에 대한 종합부동산세율 인상 및 단일세율 적용과 6억 원 공제폐지는 각각 2021년 종합부동산세 부과분부터 적용되며, 양도 시 추가 세율 확대는 2021년 1월 1일 이후 양도분부터 적용됩니다.
　대부분 법인이 다주택에 해당하므로 다음에 이어질 다주택자 솔루션에서 다뤄보겠습니다.

똑똑한 한 채만

부동산 정책이 나오는 속도가 매우 빠릅니다. 증세로 집값을 꺾겠다는 정부 정책 당사자들의 의지가 엿보입니다.

학창 시절에 공부 잘하는 사람을 한 번 떠올려볼까요. 공부를 못하는 학생들은 대부분 미리미리 시험에 대비해두지 않고 시험 기간이 닥쳐야 시작하곤 합니다.

부동산 투자를 잘하는 사람도 똑같습니다. 부동산 세금을 미리 공부해둬야 써먹을 수 있을뿐더러 탁월한 효과를 볼 수 있습니다.

세알못 **다주택자들은 어떻게 대처하는 게 좋을까요?**

다주택자나 법인이라면 매각하는 편이 좋습니다. 합산과세 같은 매각 관련 절세법에 집중해야 합니다. 정부가 틈새 하나 열어줬구나 하고 생각 드는 부분이 주택임대 사업자였지만 이 또한 자동 말소가 되기 때문에 의사결정을 잘해야 합니다. 보유 시 시세차익에 대한 욕심을 내려놓고, 매각하는 것도 좋은 방법입니다.

그렇다면 매각 전략은 어떤 식으로 해야 할까요?

사업 유형에 따라 다르지만, 법인사업자가 가장 급합니다. 빨리 팔아야 합니다. 실제로 법인이 최근에 내놓은 물건이 많아졌고, 팔린 물건도 많아졌습니다. 2021년부터 추가 법인세가 올라가고, 종합부동산세도 어마어마하게 올라가기 때문입니다. 법인으로 무리해서 부동산을 산 사람들은 보유세를 감당하기 어려우리라 예상합니다.

법인으로 투자한 사람들은 재산세 과세기준일인 6월 1일 전에 팔아야 하니 분명히 4~5월에 매물이 쏟아져 나올 텐데, 그 틈새에서 잘 팔 자신이 있는지 판단해봐야 합니다.

만약 보유세가 올라도 감당할 수 있을 것 같다면 전략적으로 2021년에 종합부동산세 한번 내고 다음 해에 파는 것도 방법입니다.

보유세를 감당하지 못하겠다면 빠르게 팔고, 보유세를 내고도 차익이 남을 것 같다면 늦게 파는 것이 좋습니다.

개인이라면 순서를 정해야 합니다. 최근 집값이 한 채당 1억 원이 올랐다고 가정했을 때, 2~3채면 양도차익이 2~3억 원에 달합니다. 이럴 때는 합산과세를 피해야 합니다. 만약 팔아야 할 주택이 두 채라면 2021년에 한 채, 2022년에 한 채 이렇게 팔아야 합니다.

가령 2021년 5월에 한 채를 팔았다면, 2022년 1월에 한 채를 팔아야 세금을 많이 아낄 수 있습니다. 한 채당 양도차익이 8천만 원이라고 가정했을 때, 두 채 합하면 1억6천만 원이 되므로 같은 해에 팔면 4,400만 원대의 세금이 나옵니다. 따로 팔면 1,300만 원 정도로 세금이 줄어듭니다. 두 채라면 2,600만 원이니 결과적으로 1,800만 원을 아끼게 됩니다.

2021년 1월 1일 양도분부터 법인이 보유한 주택 양도분뿐만 아니라 기존 주택 및 별장에서 주택을 취득하기 위한 권리(조합원 입주권, 분양권)와 법인이 2020년 6월 18일 이후 8년 장기 임대 등록하는 주택(임대 기간 8년 이상, 주택가 수도권 6억 원. 비수도권 3억 원 이하)에 추가세율이 적용됩니다.

세알못

법인의 주택 양도차익에 대한 법인세 부담이 구체적으로 어떻게 달라지나요?

택스코디

법인의 주택 양도차익 5억 원, 법인의 다른 소득금액 3억 원인 경우를 가정해서 비교해볼까요?

법인세

과세표준 × 세율 - 누진공제 = 8억 원(양도차익 5억 원 + 타 소득 3억 원) × 20%(법인세율) - 2천만 원(누진공제) = 1억4천만 원

추가 과세

과세표준 × 세율 = 5억 원(양도차익) × 20% = 1억 원

법인세와 추가 과세 금액을 더하면 2억4천만 원이 됩니다.

세알못

법인의 주택 양도차익에 대한 추가세율 인상은 모든 법인과 주택에 예외 없이 적용되는가요?

택스코디

모든 법인이 주택 양도 시 추가세율이 적용되나, 사택 등 일부 주택은

추가세율 적용에서 제외됩니다.

법인이 2020년 6월 17일 이전 취득한 주택을 2020년 6월 18일 이후 장기일반민간 임대주택 등록 시 합산배제 적용이 가능한가요?

2021년 귀속분부터는 법인이 주택을 취득한 시기와 관계없이 2020년 6월 18일 이후 조정대상지역 소재 주택을 임대사업 등록했다면 합산배제 대상에서 제외됩니다.

주택임대사업자는 셈법이 복잡합니다. 의무임대 기간을 충족하지 않아도 양도소득세가 중과 배제되므로 기회가 될 수 있습니다. 다만, 의무임대 기간만 충족했다고 되는 것이 아니고 등록 당시 요건을 만족해야 한다는 것을 기억해야 합니다.

주택임대사업자인데 도저히 못 팔겠다면 어찌하나요?

이 부분은 명확해졌습니다. 이전에는 임대 등록하면 혜택이 있었으니까 다들 여유가 좀 있었지만, 정부가 자동 말소 카드를 빼 들면서 상황이 많이 달라졌습니다. 그런데도 안 팔고 버티겠다면 보유세는 만만치 않을 겁니다.

 가장 먼저 보유세를 체크해봐야 합니다. 계산해보고 보유세를 감당할 수 있다고 판단되면 유지하고 아니면 팔아야 합니다. 후자라면 웬만한 건 팔고 똘똘한 한 채만 남기고, 차라리 증권 같은 대체투자를 권합니다.

임대주택 자진, 자동 말소에 따른 주의사항

TV 뉴스를 보던 세알못 씨는 부랴부랴 구청으로 달려갔습니다. 그를 비롯한 주택임대사업자들은 <7·10 부동산 대책>에서 2020년 7월 11일부터 임대주택에 대한 세제 혜택을 줄인다고 발표하니 당일 지자체 주택과에 길게 줄을 서서 임대사업자를 등록하는 진풍경이 펼쳐졌습니다. 렌트홈(www.renthome.go.kr)에서 오후 6시 정각에 사이트를 폐쇄해 오후 5시 59분에 등록신청을 마친 납세자도 있었으니 난리도 그런 난리가 없었습니다.

그런데 이때도 기준을 과연 임대사업자로 등록 신청한 날인지 등록이 최종 수리된 날로 하는지에 관한 의견이 분분했습니다. 결국 2020년 7월 10일까지 임대등록을 신청하거나 변경 신고하면 세제 혜택을 주는 '신청일 기준'으로 결론 났습니다.

2020년 <6·17 부동산 대책>과 후속 조치인 <7·10 부동산 대책>이 나오면서 '민간임대주택에 관한 특별법(이하 민특법)'이 2020년 8월 18일에 개정됐습니다.

이에 따라 주택임대사업자가 민특법상 의무임대 기간을 채우지 않더라도 과태료 없이 스스로 말소할 수 있게 해주는 '자진 말소' 및 민특법상 의무임대 기간을 초과한 경우 지방자치단체에서 자동으로 말소 처리하는 '자동 말소' 제도가 생겼습니다.

자동 말소 등을 통해 세법(종합부동산세, 조세특례제한법 등)상 혜택이 자연스럽게 축소됐습니다. 구체적으로 2020년 7월 10일 이후 4년 단기임대주택에서 8년 장기일반매입임대주택으로 변경 신고하거나 폐지되는 유형(4년 단기임대주택, 8년 장기일반매입임대주택 중 아파트)으로 신청하면 더는 세제 혜택을 주지 않습니다.

민특법상 임대등록이 말소돼 의무임대 기간을 채우지 못한 경우에도 소득세법상 임대주택 혜택을 받을 수 있습니다.

여기서 말하는 소득세법상 임대주택 혜택이란 임대주택 자체를 양도하는 경우 양도소득세 중과 배제와 임대주택을 제외한 2년 이상 거주한 거주 주택에 대한 비과세 특례입니다.

소득세법상 혜택 유지는 민특법상 의무임대 기간의 1/2 이상 임대하고 자진 말소하거나 민특법상 의무임대 기간 초과 후 자동 말소될 때 적용이 가능합니다.

'양도소득세 중과 배제 혜택'은 자진 말소의 경우 말소 이후 1년 이내 양도하는 경우 중과 배제되며, 자동 말소의 경우는 양도에 기한 제한이 없습니다.

'거주 주택 비과세 특례 혜택'은 자진 말소이든 자동 말소이든 등록말소 후 5년 이내에 거주 주택을 양도할 때 비과세가 인정됩니다. 또한 이미 받은 거주 주택 비과세는 추징하지 않습니다.

그러나 민특법상 의무임대 기간 1/2 이상을 임대하고 자진 말소 대상이 되더라도 중과 배제를 피할 수 없을 때도 있습니다.

2018년 4월 1일 이후 4년 단기임대주택으로 등록한 경우, 2018년 9월 14일 이후 1주택을 소유하면서 조정대상지역 내 주택을 취득하고 8년 장기일반민간임대주택으로 등록하면 조정대상지역 내 주택을 2018년 9월 13일 이전 8년 장기일반민간임대주택으로 등록했지만, 임대 개시 당시 기준시가 6억 원(비수도권 3억 원)을 초과하는 경우가 여기에 해당합니다.

이런 경우는 세법상 장기임대주택이 아니기 때문에 의무임대 기간 1/2 이상 충족 후 자진 말소하더라도 중과 배제 대상 자체가 아님을 명심해야 합니다.

민특법상 8년 장기일반민간임대주택으로 등록한 아파트는 8년 의무임대 기간이 종료될 때 자동 말소가 됩니다.

등록한 임대주택이 조세특례제한법상 요건을 모두 충족한 후 8년 이상 의무임대를 하면 장기보유특별공제 특례(조특법 제97조의3)가 적용됩니다. 8년 이상 장기보유특별공제율 50%, 10년 이상 장기보유특별공제율 70%의 혜택을 줍니다.

하지만 8년 장기일반매입임대주택으로서 아파트는 자동 말소 대상이므로 8년 후 민특법상 자동 말소되면 50%의 장기보유특별공제밖에 받지 못합니다.

세알못

그럼 아파트를 제외한 장기일반민간임대주택은 세제 혜택(양도소득세 중과 배제, 종합부동산세 합산배제, 거주 주택 비과세)이 유지되는 건가요?

택스코디

그렇습니다. 장기일반매입임대주택 중 '아파트를 제외'한 나머지 다가구·다세대주택·주거용 오피스텔·연립주택 등은 2020년 7월 11일 이후라도 10년 장기일반매입임대주택으로 등록 가능합니다(신규등록일 때는 의무임대 기간이 10년으로 변경).

아파트 외 다가구주택·다세대주택·주거용 오피스텔·연립주택 등은 자동 말소 대상이 아니어서 의무임대 기간 8년을 채우더라도 말소가 되지 않으므로 10년 이상 의무임대 기간을 채워서 장기보유특별공제율 70%의 혜택을 받는 것이 유리합니다.

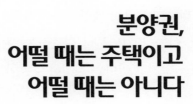

분양권,
어떨 때는 주택이고
어떨 때는 아니다

세알못 조정대상지역에 1주택, 1분양권을 소유하고 있습니다. 그럼 1세대 2주택인가요?

택스코디 현행법상 양도소득세는 다주택일 경우 중과가 적용됩니다. 그동안은 분양권의 경우 아직은 '주택'이 아닌 만큼 양도소득세를 계산할 때 주택 수에 포함되지 않았습니다.

하지만 2021년부터는 보유한 분양권과 주택을 모두 합쳐 주택 수를 계산하게 됩니다. 만약 1주택과 1분양권을 가진 경우라면 지금은 양도소득세 계산 시 1주택자로 세금이 계산되지만, 2021부터는 2주택자로 세금이 계산되는 것이죠.

다만, 이는 2021년부터 취득하는 분양권에만 적용되므로 이미 분양권을 가지고 있다면 걱정하지 않아도 됩니다.

또 1주택자의 경우 2021년에 새로이 분양권을 취득하더라도 새 아파트 입주 후 기존 주택을 매각하면 큰 걱정은 하지 않아도 됩니다. 현재 2주택자라고 해도 정비사업 때문에 이주하면서 1주택과 1조합원 입주권을 갖게 되는 '일시적 2주택'에 대해서는 특례를 적용하고 있습니다. 국세청은 이와 유사한 특례를 1주택과 1분양권에도 예외적으로 적용하도록 시행령에 규정할 예정입니다.

취득세 역시 분양권이 주택 수에 포함됩니다. 2020년 8월 12일 이후 신규 취득했다면 주택이 준공되기 전이라도 분양권 및 입주권은 주택을 취득하는 것이 예정되어 있으므로 소유 주택 수에는 포함됩니다.

그러나 추후 분양권 및 입주권을 통해 실제 주택을 취득하는 시점에 취득세가 부과되기 때문에 직접적인 과세 대상은 아닙니다. 이때는 새 아파트를 취득한 날을 기준으로 일시적 2주택의 시점을 재계산하게 됩니다.

세알못

오피스텔 분양권은요?

택스코디

 오피스텔도 주택인지 아닌지 모호한 것 중 하나인데요. 오피스텔은 분양권인지 아닌지에 따라서 또 갈립니다. 취득 후 실제 사용하기 전까지는 해당 오피스텔이 주거용인지 상업용인지 확정되지 않으므로 오피스텔 분양권은 주택 수에 포함되지 않습니다.

하지만 주거용 오피스텔(재산세 과세 대상 기준)이라면 2020년 8원 12일 이후 취득한 오피스텔은 주택 수에 합산됩니다.

1주택 부부 공동명의 종합부동산세 절세법

처음 집을 살 때 종합부동산세를 아끼려고 공동명의를 택했다가 나이가 들고 보유 기간이 길어지면서 오히려 단독명의보다 세금을 더 내야 해 불만을 제기하는 사람이 늘어나 정부가 납세자에게 선택권을 열어줬습니다.

2021년부터 집 1채를 공동명의로 보유한 부부는 매년 9월 단독명의 기준으로 종합부동산세를 내겠다고 신청할 수 있습니다.

단독명의로 종합부동산세를 내면 고령자 공제와 장기보유 공제를 합쳐 최대 80%의 세액공제를 받을 수 있습니다. 따라서 주택 가격, 부부 나이, 보유 기간에 따라 공제율이 달라져 공동명의로 세금을 내는 게 더 유리할 수 있습니다. 사전에 어떤 방식이 유리한 지 잘 따져봐야 합니다.

종합부동산세법 개정안에는 2021년부터 부부 공동명의 1주택자가 원한다면 1세대 1주택자로 신고하는 것이 허용됩니다. 가구원 중 1명이 주택을 단독으로 보유했을 때 적용하던 고령자 및 장기보유 공제를 부부 공동명의자도 받을 수 있다는 뜻입니다.

1주택자에 공시가격 9억 원까지 기본공제를 해주고, 초과분에 대해선 20~40%인 고령자 공제와 20~50%인 장기보유 공제가 적용됩니다. 2021년부터는 둘을 합친 공제 한도도 80%로 확대됐습니다.

대신 공동명의 1주택자가 세액공제를 받으면 단독명의 1주택자와 똑같이 기본공제는 공시가격 9억 원까지만 적용됩니다. 현재 공동명의로 보유하면 부부가 각자 6억 원씩 총 12억 원까지 기본공제를 받기 때문에 어느 쪽이 더 유리한지 계산해 선택하면 됩니다.

세알못

단독명의 신청은 어떻게 하나요?

택스코디

단독명의 기준으로 바꾸고 싶다면 매년 9월 16일~30일 관할 세무서에 신청하면 됩니다. 이때가 종합부동산세 합산배제 신청 기간이기 때문에 한꺼번에 신청할 수 있도록 시기를 이렇게 정했습니다.

한 번 변경한 뒤 이듬해에 별도 신청이 없으면 변경된 기준이 계속 적용됩니다. 단독명의로 신청한 뒤 다시 공동명의 기준으로 바꾸는 것도 가능합니다.

참고로 부부 공동명의는 절세 효과가 워낙 크기 때문에 명의를 변경하기 전에 꼼꼼히 따져봐야 합니다.

공시가격이 12억 원 이하면 공동명의로 보유했을 때 종합부동산세를 한 푼도 내지 않기 때문에 나이나 보유 기간과 상관없이 공동명의가 유리합니다. 공시가격 12억 원이 넘어도 기본공제로 3억 원을 더 받는 데다 종부세가 누진 과세 체계여서 더 낮은 세율을 적용받을 수 있습니다.

예를 들어보겠습니다. 2021년 공시가격 16억8,894만 원인 아파트를 절반씩 보유한 부부가 단독명의로 신청해 최대한도(80%)로 공제를 받는다면 종합부동산세(농어촌특별세 포함) 100만6,832만 원을 내면 됩니다. 공동명의일 때(200만6,610원)보다 약 100만 원을 아낄 수 있습니다. 하지만 이 부부가 공제를 20%밖에 못 받는다면 단독명의일 때 357만8,990원을 내야 해 공동명의보다 세 부담이 더 커집니다.

단독명의로 신청하면 부부 중 누구를 기준으로 세금을 계산하는지도 중요합니다. 고령자와 장기보유 공제는 과세 대상자의 나이와 보유 기간을 기준으로 적용하기 때문입니다. 과세 기준이 되는 사람의 나이나 보유 기간에 따라 유불리가 제각각이므로 고령자와 장기보유 공제를 합쳐 60~70% 이상일 때 변경하는 것이 유리합니다.

입주권을 활용한
똘똘한 두 채

"위험은 자신이 무엇을 하는지 모르는 데서 온다"라고 워런 버 핏이 말했습니다. 버는 것은 마음대로 되지 않지만, 세금은 아는 만큼 줄일 수 있습니다.

세금 부담은 나날이 높아지지만, 주택시장의 열기는 식을 줄 모릅니다. 전방위 세금 강화에도 매수 심리는 꺾이지 않는 모양새입니다. 이럴 때일수록 보수적인 관점이 필요합니다.

집값이 올랐다고 해서 세금을 더 내고 싶은 사람은 없을 것입니다. 부동산 규제들이 '전체 주택 가격'과 관계없이 '주택 수'에 따라 불이익을 받게 되므로 사람들은 세금 부담을 줄이기 위해 더 선호하는 주택은 보유하고, 덜 선호하는 주택은 매도하게 됩니다. 이른 바 '똑똑한 1채' 현상이 나타나는 겁니다. 2채를 갖고 싶어도 세금 부담 때문에 쉽지 않은 게 현실입니다.

똑똑한 1채를 넘어 세금 부담 없이 똑똑한 2채를 보유하고 싶다면 조합원 입주권을 활용하면 됩니다. 입주권을 활용하면 취득세, 종합부동산세, 양도세를 모두 절세하면서 2주택 보유 기간을 최대한 길게 가져갈 수 있기 때문입니다.

똑똑한 두 채? 조금 자세히 설명해 줄 수 있나요?

현재 1주택자가 조정대상지역 주택을 추가로 취득하면 8%의 취득세를 내야 합니다. 하지만 입주권은 멸실 후에는 토지 취득세율인 4%가 적용됩니다. 준공 전까지는 주택이 아니기 때문에 종합부동산세 부담도 없습니다. 입주권 준공 후에는 원시 취득이므로 건물분에 대해 2.8%의 취득세만 과세됩니다.

양도소득세는 조정대상지역에서 일시적 2주택으로 비과세하려면 신규주택을 취득하고 1년 내 종전 주택을 양도하고 신규주택에 전입까지 해야 합니다.

하지만 입주권을 취득하면 종전 주택을 3년 내에만 팔면 되고,

신규주택에 전입하지 않아도 됩니다. 만약 입주권 취득 후 3년이 지나더라도 입주권 준공 후 2년 안에만 종전 주택을 팔고 신축주택에 거주하면 비과세되므로 종전 주택의 보유 기간을 최대한으로 늘릴 수 있습니다.

세부적인 비과세 요건으로 우선 종전 주택을 취득한 뒤 1년 이상 지난 뒤 조합원 입주권을 취득하고, 조합원 입주권을 취득한 날부터 3년 이내에 종전 주택을 양도해야 합니다. 이때 양도하는 종전 주택은 보유 기간이 2년 이상이고, 취득 당시 조정대상지역에 있는 주택은 거주기간도 2년 이상이어야 합니다.

입주권 취득 후 3년이 지난 이후에 종전 주택을 양도하는 경우 비과세 요건은 다음과 같습니다.

조합원 입주권을 취득하고 3년이 지나서 종전 주택을 양도하더라도 입주권 주택이 완성된 후 2년 이내에 신축주택으로 세대 전원이 이사하고 1년 이상 계속 거주하면 비과세할 수 있습니다. 이때도 물론 종전 주택은 1가구 1주택 비과세 요건은 갖춰야 합니다. 이 규정은 종전 주택을 취득하고 1년이 지나지 않고 입주권을 취득해도 비과세되니까 활용도가 높습니다.

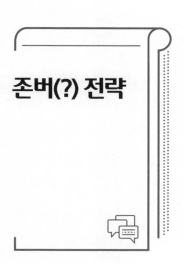

존버(?) 전략

정부의 강력한 규제정책에 이른바 꾼들은 민감하게 대응해 세금을 최소화하지만, 2주택 이상이면서도 투기목적이 없는 사람들은 준비가 소홀해 무거운 세금을 부담하는 경우가 적지 않습니다. 이럴 때 계속 집을 보유할지 말지 고민이 커지기 마련입니다.

재산세와 종합부동산세 등 보유세 부담이 앞으로 점점 더 오른다는 것은 이미 정책적으로 설계됐습니다. 따라서 보유세를 부담하고서라도 처분을 유보하려고 맘을 먹었다면 장기적인 관점에서 의사결정해야 합니다. 결국 최종적으로는 상속세까지도 고려해야 한다는 말입니다.

상속세는 상속 개시 시점의 시세에 따라 주택은 물론 다른 자산과 합산해 계산하는 특징이 있습니다. 문제는 우리나라 상속세 최고 세율이 경제협력개발기구(OECD) 중에서도 아주 높은 그룹에 속해 있다는 데 있습니다.

물론 가업승계의 경우 '가업상속공제'라는 제도가 있어 최대 500억 원까지 공제되지만, 요건이 까다로울 뿐만 아니라 가업과 무관한 개인 자산을 공제하는 효과는 크지 않아 혜택을 보는 사람도 한정적입니다.

우리나라처럼 상속세 세율이 높고 누진세율 구조에서는 과세표준 구간을 줄이는 게 절세의 기본입니다. 과세표준 구간을 줄이려면 재산평가액을 낮게 책정하거나 채무액이 어느 정도 있어 주는 게 유리합니다. 물론 각종 공제의 혜택을 꼼꼼히 챙겨봐야 합니다.

정부가 공시가격의 현실화 입장을 견지하는 데다가 국세청도 감정평가 대상을 확대하고 있으므로 점점 부동산이 시가에 근접하게 평가되고 있다고 볼 수 있습니다.

그러나 여전히 시가 이하로 평가되는 자산들이 존재합니다. 부동산과 달리 예금·적금·부금·보험금·공제금·주식·채권 등 금융재산은 시가로 평가하되 최대 2억 원까지 상속공제를 해주므로 주택을 포함한 부동산과 금융재산의 종류와 구성을 생각해 볼 필요가 있습니다.

상장주식의 경우 변동성이 심하므로 평가 기준일 전후 2개월 최종 시세의 평균액으로 재산을 평가하는데 요즘 같은 시장에서는 이를 활용하는 것도 좋은 방법이 될 수 있습니다.

주택의 경우 상속개시일로부터 소급해 10년 이상 계속 동거한 상속인이 협의분할로 상속받으면 최대 6억 원을 한도로 공제받을 수 있으므로 계속 보유할 계획이라면 이를 십분 활용할 수 있습니다. 유의점은 상속개시일 현재 무주택자이거나 피상속인과 공동으로 1세대 1주택을 구성한 상속인이 받아야 한다는 것입니다.

정리해보겠습니다. 주택을 장기 혹은 평생 보유하겠다는 마음가짐이라면 상속세에 대비해서라도 본인의 자산 포트폴리오를 미리 점검해볼 필요가 있습니다.

보유가 답이 아니라고 판단해 처분이나 증여를 계획하는 사람들도 있습니다. 자녀가 동일세대라면 취·등록세 등 모든 비용을 고려했을 때 실익은 많지 않을 수 있습니다.

살아생전에 증여했더라도 상속개시일을 기준으로 상속인이면 10년, 상속인 외이면 5년 내 증여한 자산을 합산해서 상속세를 부담해야 합니다. 이를 반대로 생각하면 증여가 아닌 매매로 진행할 때 나중에 합산될 여지가 없고, 세대를 건너뛰어 손주에게 증여하면 사후관리 기간도 5년으로 짧아지는 장점이 있습니다.

물론, 증여가 아닌 매매로 진행하면 특수관계자 간 거래에 해당해 시가의 적정성 여부 등을 검토받을 테고, 손주라면 세대를 건너뛴 데 30%의 할증과세를 적용받을 것입니다. 하지만 이 방법은 실무상 많이 실천하는 절세법입니다.

갭 투자를 포기할 수 없는
당신에게

    시세차익을 목적으로 주택의 매매가격과 전세금 간 차액이 적은 집을 전세를 끼고 매입하는 투자 방식을 갭 투자라고 합니다.

    가령 매매가격이 5억 원인 주택의 전세금 시세가 4억5천만 원이면 전세를 끼고 5천만 원으로 집을 사는 것입니다.

    전세 계약이 종료되면 전세금을 올리거나 매매가격이 오른 만큼의 차익을 얻을 수 있어 저금리, 주택 경기 호황을 기반으로 2014년 무렵부터 2~3년 사이에 크게 유행했습니다.

    갭 투자의 명암은 분명합니다. 부동산 호황기에 집값이 상승하면 이익을 얻을 수 있지만, 반대의 경우에는 깡통주택으로 전락해 집을 팔아도 세입자의 전세금을 돌려주지 못하거나 집 매매를 위한 대출금을 갚지 못할 수도 있습니다.

　수도권과 일부 지방에서 집값이 다시 들썩이면서 정부가 2020년 6월 17일 추가 부동산 대책을 내놨습니다. 경기 서부, 인천, 대전, 청주는 일부만 빼고 조정대상지역으로 추가 지정했습니다. 또 수원, 구리를 비롯해 경기, 인천, 대전의 17개 지역을 '투기과열지구'에 추가했습니다. 이들 지역은 대출 규제, 세금, 분양권 전매제한이 한층 강화됩니다.

　앞으로 투기지역과 투기과열지구에서 3억 원이 넘는 아파트를 사면 전세대출을 받을 수 없습니다.

　갭 투자를 차단하는 대책도 쏟아져 나왔습니다. 이미 전세대출을 받았는데 새로 3억 원 넘는 집을 샀다면 기존 대출의 만기를 연장해주지 않습니다. 1주택자의 전세대출 보증 한도도 2억 원으로 축소됩니다. 모두 전세대출이 갭 투자로 활용되는 것을 막으려는 조치입니다.

　만약 규제지역에서 집을 사려고 주택담보대출을 받는다면 주택 가격과 상관없이 6개월 안에 전입해야 합니다. 1주택자는 주택 처분과 전입을 6개월 안에 마쳐야 합니다.

　법인을 활용해 대출받고 세금 규제를 피하는 일도 어려워집니다. 규제·비규제지역 구분 없이 모든 주택사업자에게 주택담보대출이 금지되고, 법인 소유 주택에 대한 종합부동산세는 공제금액 없이 최고 세율이 적용됩니다.

특히 도심 개발사업으로 투기 우려가 커진 강남구 청담·삼성·대치동·송파구 잠실동 전역이 23일부터 1년간 토지거래허가구역으로 묶입니다. 이 지역 아파트 6만여 가구를 사면 2년간 의무적으로 실제 살아야 해 전세를 낀 갭 투자가 원천 봉쇄됩니다.

최근 이상 현상 아니 풍선효과라고 할 풍경이 연출되고 있습니다. 오래된 다세대·연립주택에 거래가 몰리는 것입니다. 아파트와 달리 대출 규제도 덜 받고, 재개발 기대감까지 있다 보니 투자자들은 40년 이상 지난 다세대·연립주택을 찾아다닙니다.

2020년 1월~8월 40년 이상 된 연립·다세대주택 매매 건수는 533건이었습니다. 이는 지난해 같은 기간(423건) 대비 26% 증가한 수치입니다.

여기서 눈여겨볼 만한 것은 오래된 다세대·연립주택일수록 매매가격이 높았다는 점입니다. 재개발 호재가 기대되는 지역을 중심으로 가격이 오른 것입니다. 2020년 서울에서 40년 이상 된 구축 다세대·연립주택 매매는 중랑구 면목동(33건)이 가장 많았습니다. 다음으로 마포구 망원동(22건), 서대문구 홍제동(21건), 은평구 불광동(18건), 관악구 신림동(16건), 중랑구 묵동(16건) 등이

었습니다.

40년 이상 된 연립·다세대주택은 1980년 이전에 준공된 주택입니다. 전용면적 30㎡ 이하 다세대·연립주택의 2020년 평균 매매가는 4억3,119만 원이었습니다. 1981년부터 1990년 사이에 준공돼 30년 이상인 주택의 평균 매매가는 3억1,193만 원이었고 1991년부터 2000년 사이에 준공된 경우에는 2억6,568만 원이었습니다. 2000년대에 지어진 주택의 평균가는 2억8,000만 원대였습니다.

가장 높은 매매가는 1980년에 서울 서초구에 지어진 연립주택이었습니다. 지난 7월 전용면적 81㎡(대지면적 80㎡)가 23억 원에 팔렸습니다. 인근 전용면적 79㎡(대지면적 79㎡)의 다세대주택도 20억8,500만 원에 매매됐습니다.

최근 새로운 부동산 투자처를 찾는 사람들이 2~3억 원대로 진입할 수 있는 연립·다세대주택를 찾고 있으며 당분간 준공 40년 이상의 구축 연립·다세대주택 매매가 증가할 것으로 보입니다. 정부의 부동산 규제가 아파트에만 쏠려있어 규제 사정권에서 벗어나 있는 데다가 저금리로 시중에 풍부한 유동자금이 넘쳐나고 정부가 공공 재개발을 발표하는 등 주택공급을 위해 재개발을 활성화하리라는 기대감이 더해진 것입니다.

갭 투자를 막고 대출 제한을 두는 등 규제는 아파트에 집중되어 있습니다. 2019년 〈12·16 부동산 대책〉으로 15억 원을 초과하는 주택을 살 때 주택담보대출이 전면 금지됐으나 그 대상은 아파트에만 국한됩니다.

2020년 〈6·17 부동산 대책〉에 따라 수도권을 비롯한 규제지역에서 3억 원이 넘는 아파트를 사면 전세자금 대출이 제한되거나 회수되지만, 연립·다세대는 이 또한 적용받지 않습니다. 전세대출을 통한 갭 투자가 가능하다는 얘기입니다.

정부가 〈7·10대책〉을 통해 주택 임대사업 등록제도를 사실상 폐지하면서도 다세대주택, 빌라 등의 등록임대사업자에게는 세제 혜택을 그대로 유지하고 있습니다. 이런 이유로 갭 투자자나 개발이익을 노린 투자자들이 옮겨갈 가능성이 커지고 있습니다.

두 번만 읽으면 우리도 부동산 세금 마스터

부동산으로 돈을 번 사람들은 밤낮으로 절세 정보를 찾아 인터넷을 검색하고 관련 책을 찾아봅니다. 그들은 세금을 먼저 확인한 뒤 매수나 매도 타이밍을 결정합니다.

그러나 세금 정보에 어두운 사람들은 일이 닥쳤을 때 당황하다가 내지 않아도 될 세금을 내고 있습니다.

국가가 거둬들이는 세금 중에는 부당하거나 내지 않아도 될 것들이 있습니다. 이런 세금을 단지 몰라서 내게 된다면 얼마나 한심한 노릇인가요.

본 책은 부동산 세금 때문에 맘고생 하는 사람들이 없었으면 하는 간절한 바람으로 오랜 시간 공부하고 상담하면서 겪은 실전 지식이 담겨 있습니다.

세금에 관해 전혀 알지 못하는 '세알못' 씨도 이해할 수 있도록 알기 쉽고 친절하게 설명하기 위해 노력했습니다.

2020년 정부에서 발표한 여러 부동산 정책으로 청약 조건이 까다로워지고 대출 조건이 강화됐으며 양도소득세, 종합부동산세, 임대소득세 등 세금 규제가 강화되면서 부동산 거래가 위축됐습니다.

특히 〈8·2 부동산 대책〉에 따른 중과세 도입, 〈9·13 부동산 대책〉의 주택임대사업자의 세재 혜택 중단은 물론이고 실소유자들을 대상으로 하는 거주 요건 적용 등은 이미 부동산시장에 큰 영향을 미치고 있습니다. 부동산 세금은 다주택자의 시대에서 실소유자의 시대로의 전환을 가속하는 촉매제가 될 것으로 생각됩니다.

체감 경기가 좋지 않을수록 손해를 보지 않기 위해서는 기본적인 세금 지식은 숙지하고 있어야 합니다.

본 책을 한두 번 정독해 내용만 잘 숙지해도 모든 상황에서 스스로 절세 전략을 수립해 부동산이 자산의 큰 비중을 차지하는 대한민국에서 강력한 무기를 가지게 되리라 자신합니다.

부동산 세금에 대한 지식 부족으로 손해를 보는 사람들을 자주 봅니다. 그러나 이미 엎질러진 물은 주워 담질 못합니다. 계약이 끝난 상황에서는 난다 긴다 하는 전문가들이 와도 방법이 없습니다. 그러기에 미리 알고 대비해야 합니다.

많은 사람이 세금 하면 어렵고 귀찮아합니다. 본 책을 읽었다면 이런 편견에서 조금이라도 자유로워졌으리라 믿습니다. 더불어 소중한 돈을 지킬 힘이 생겼을 것입니다.

세금을 얼마만큼 제대로 아는지의 차이에 따라 납부하는 세금 액수가 달라집니다. 부동산 세테크는 사전에 세금에 대해 꼼꼼히 알아 두어야 합니다. 제가 늘 강조하는 말이 있습니다.

"세금은 아는 만큼 줄어든다!"